분노와 슬픔의 스토리텔링

송상근

이 책은 방일영문화재단의 지원을 받아 저술·출판되었습니다.

책을 내면서

기자가 되겠다고 고등학생 시절에 결심했고, 대학에서 학보사 기자로 활동했다. 대학 마지막 해를 포함해 2년 반을 준비해서 입사 시험에 합격했다. 동아일보 기자로 23년 6개월 1주일을 지내면서 보람과 아쉬움을 느꼈다. 좋은 기사를 많이 쓰고 싶었지만, 어느 시점부터 후배와 외부 전문가와 학생 글을 다듬는 일이 본업이 되었다. 다행히 좋은 기사를 접할 계기가 생겨서 한국과 미국 언론의 기사를 비교해 〈뉴 스토리 뉴 스타일〉이라는 책을 2009년 출간했다.

퇴사하고 교육과 연구에 전념하다가 좋은 기사와 논픽션을 읽으면 언론계 선후배와 학생에게 추천했다. 그러다가 세월호 침몰과 대통령 탄핵을 계기로 분노와 슬픔이 한국 사회에 확산하는 모습을 보며 감정이라는 개념을 기준으로 국내외 언론상 수상작을 분석하고 싶었다. 이 책의 출발점이었다.

기자 시절에 인연을 맺은 이화여대 프런티어저널리즘스쿨(FJS)이 저널리즘교육원의 윤세영저널리즘스쿨(YJS)로 확대

됐다. 18년 동안에 2024년 2월 기준으로 기자와 피디를 515명 배출했다. 한국 언론 발전을 위해 스쿨을 만든 이재경 저널리즘 교육원장, 스쿨을 적극 후원하고 격려하신 윤세영 서암윤세영재단 이사장(SBS미디어그룹·태영그룹 창업회장)과 윤석민 태영그룹 회장, 실무자로 헌신한 홍성욱 서암윤세영재단 前 사무처장에게 존경과 고마움을 전한다.

군 복무 시절에 〈하버드 동창생(The Class)〉을 읽었다. 에릭 시걸(Erich Segal) 소설로 그의 대표작(러브 스토리·Love Story)보다 인상적이었다. 대학 입학 직전에서 시작해 졸업하고 25년 동창회까지를 담았다. 대학을 졸업하고 25년이 지난? 그 시점이 되면 어떨지 궁금하고 두려웠던 느낌이 생각난다. 올해는 거기서도 10년이 지난다.

세월이 유수(流水) 같음을 몸이 먼저 느낀다. 하루 43km를 걷고, 수영으로 한강을 2회 횡단하고 실내 50m를 쉬지 않고 60회 왕복했다. 자전거로 3년 동안 1만 4000km를 달리면서(시군 133곳과 4대강 종주) 하루에 182km를 밟았다. 앞으로는 힘들다. 천천히, 오래 하고는 싶다. 내가 아는 모든 분이 건강하고 행복하면 좋겠다. 우리 딸 동림이와 슬기 부부 특히!

2024년 2월 6일
이화여대 대학원별관 301호에서

목차

1부

좋은 기사를 찾아서

좋은 기사란 무엇인가? 언론 지망생, 기자, 교육자로 지내면서
자주 질문했다. 대답을 나름대로 정리했지만, 시간이 지나면서
바뀌었다. 정확히 말하면 좋은 기사의 특성과 조건이 계속 추가
됐다.

언론 지망생 시절에는 약자를 대변하는 기사가 훌륭하다고 생
각했다. 전두환을 중심으로 신군부가 민주정의당을 만들었다. 총
칼로 군권을 장악하고, 민주화운동을 짓누르고, 정권을 잡은 뒤
에 민주와 정의를 정당 이름에 넣었다. 시대가 민주화에 역행하
는 모습을 보며 분노했고 슬퍼했다. 언론이 서민, 노동자, 농민,
희생자, 피해자를 대변해야 한다고 느꼈다.

기자가 되자 특종과 단독과 기획을 목표로 했다. 다른 언론이
알지 못하는 사안을 가장 먼저 쓰고 싶었다. 사안이 중요하든 그
렇지 않든 내가 가장 먼저 취재하고 보도하면 기분이 좋았다. 동
아일보를 비롯한 언론계가 기사로 인해 비판받고 소송에 휘말리

자 정확성과 공정성이 중요함을 절감했다. 인터넷이 등장한 뒤에는 신문방송 같은 전통 매체가 영향력을 잃었다. 현장에서 쓰거나 데스크로서 고쳤는데, 기사 반응이 점점 줄었다. 입사 초기에는 독자가 전화를 걸어서 칭찬 또는 비판했다. 어느 순간부터는 편집국 전화벨이 덜 울렸다. 독자는 인터넷 홈페이지에 다양한 의견을 남겼는데, 이마저 어느 순간부터는 확 줄었다. 반응이 뜨거운 기사를 쓰거나 접하면 기분이 좋아진 이유다.

약자를 대변하는 기사, 특종으로 인정받는 기사, 정확하고 공정한 기사, 사내외 반응이 있는 기사. 언론 지망생과 기자 시절에는 이렇게 네 가지가 좋은 기사였다. 동아일보에서 근무하면서 내 기사를 모두 오려서 보관했다. 퇴직하고 교육을 본업으로 하면서 스크랩을 다시 봤다. 이런 기사를 썼더라면, 이렇게 기사를 썼더라면…. 아쉬움을 느꼈는데, 좋은 기사의 기준이 하나 더 떠올랐다. **다시 쓰고 싶은 기사!**

약자를 외면한 기사를 다시 쓰고 싶지는 않다. 다른 언론사에 선수를 뺏긴 기사를 다시 쓰고 싶지는 않다. 정확하지 않고 공정하지 않은 기사를 다시 쓰고 싶지는 않다. 사내외 반응이 시큰둥한 기사를 다시 쓰고 싶지는 않다. 그러니 언제 봐도 만족하고 보람을 느낄 내용이 좋은 기사라고 생각했다. 좋은 기사의 다섯 번째이자 가장 중요한 기준이 생겼다. **다시 쓰고 싶은 기사!**

학생을 가르치려고 국내외 언론 보도를 더 많이 접했다. 내가 기자라면 쓰고 싶었을 기사가 많았다. 내가 썼다면 세월이 지나도 보람을 느낄 기사가 많았다. 좋은 기사를 발견하면 같이 읽고, 같이 토론했다. 언론 지망생으로서 생각했던 좋은 기사의 조건이 기자가 되면서 늘었는데, 교육자로서 정리한 기준, **다시 쓰고 싶은 기사**를 언론 지망생과 같이 고민했다. 그러면서 세 가지에 집중했다.

질문 1. 언론과 인터넷[1)]

인터넷이 한국에서 상용화한 지 2023년으로 30년 정도 됐다. 온라인 공간이 생기면서 세계, 국가, 사회 차원에서 많은 변화가 나타났다. 새로운 기술이 개발될 때마다 새로운 매체가 등장했다. 새로운 매체의 등장은 커뮤니케이션 채널이 다양해지고 수용자 확보 경쟁이 치열해짐을 의미한다. 특정 매체는 부상하고 특정 매체는 추락하겠지만, 매체 다양화가 언론에 긍정적 효과를 가져온다고 생각하는 경우가 많았다.

인터넷이 언론에 미칠 영향도 비슷했다. 긍정적 또는 부정적 평가가 공존하고, 변화 결과에 대해서도 낙관적 또는 비관적 예상이 교차했는데, 인터넷이 사회발전 추동력이 된다면 언론 수준을 올리는 도구가 되지 않겠냐는 분석이 나왔다. 뉴스 생산과정

---

1) 저자가 한국언론학회 정기학술대회에서 발표한 내용에서 이론적 논의 부분을 일부 활용했다. (송상근, 2014a)

을 민주화하고, 민주주의를 다시 활성화한다는, 즉 인터넷이 더 많고, 더 다양한 뉴스의 생산, 그리고 뉴스 생산과정에서의 공중참여 확대로 이어진다는 기대였다(Redden and Witschge, 2010).

기술 발전이 언론 수준의 향상을 전적으로 보장한다는 얘기는 아니었다. 언론이 인터넷에 어떻게 대응하고, 어떻게 변화할지가 관건이기 때문이다. 뉴미디어 영향을 저널리스트가 일하는 방법, 뉴스 콘텐츠, 뉴스룸, 미디어와 수용자 관계라는 네 가지 측면에서 정리한다면, 뉴미디어 덕분에 수용자가 이전보다 훨씬 더 많은 뉴스와 정보에 접근했지만 이런 뉴스와 정보가 고품질이 될지는 언론이 뉴미디어 수단을 어떻게 받아들이고 적용할지에 달렸다는 전망이 나왔다(Pavlik, 1999).

한국 언론은 인터넷 상용화 이후 어떻게 변했는가? 인터넷을 활용해 정부와 기업이 업무체계를 혁신한 결과는 유권자 목소리 강화, 소비자 참여 활성화, 정보공개 확대라는 긍정적 결과로 나타났다. 언론은 늘어난 정보를 활용해 더 많고, 더 정확한 뉴스를 제공했는가? 수용자 눈높이에 맞춰 뉴스 품질을 개선했는가? 정부와 기업의 서비스가 향상된 만큼, 언론 서비스가 좋아졌는가?

패블릭은 뉴미디어 등장을 보면서 언론의 적극적인 대응을 강조했는데, 14년이 지난 시점에서 뉴스 미디어의 혁신 방향을 △ 고품질 뉴스를 만들고 전달하고 제공하며 △ 공중이 쌍방향적인 뉴스 담론에 참여하고 △ 디지털화하고 네트워크화된 시대에 최적화한 새로운 보도 방법을 활용하며 △ 디지털화하고 네트워크화되고 모바일화된 환경에서 새로운 경영 및 조직전략을 발전시켜야 한다는 네 가지로 정리했다(Pavlik, 2013).

인터넷 등장으로 저널리즘 앞에는 다양한 수식어가 생겼다. 온라인 저널리즘, 인터넷 저널리즘, 디지털 저널리즘, 멀티미디어 저널리즘이 대표적이다. 온라인 저널리즘은 여러 용어로 대치되거나 혼용되는데 인터넷 저널리즘은 인터넷이라는 새로운 미디어 플랫폼에서의 저널리즘을 강조하고, 디지털 저널리즘은 디지털 환경을 강조하고, 멀티미디어 저널리즘은 멀티미디어를 활용해서 뉴스를 생산하는 것을 강조한 용어이다(김위근, 2008).

새롭게 규정된 저널리즘을 무엇이라고 부르든 언론은 새로운 역할을 요구받았다. 새로운 역할은 언론과 뉴스에 대한 인식의 전환, 뉴스 제작 관행의 변화를 동반해야 한다. 임영호 김은미 김경모 김예란(2008)에 따르면 온라인 뉴스 이용자의 뉴스관은 정보 전달 기능, 공정/심층/해설, 재미/토론, 계몽, 그리고 뉴스 생산 주체 등 다섯 개의 차원으로 구성되는데, 전통적 저널리즘에서 당연시되던 언론의 역할, 뉴스 가치 관련 개념이 온라인 뉴스 환경에서는 점차 다른 방식으로 인식되므로 뉴스 개념 체계를 새로 개발할 필요가 있다.

이용자 변화가 가져온 뉴스 변화는 내용에서는 사적 영역의 뉴스화, 주관적 의견(감정)의 뉴스화, 조각 사건의 뉴스화로 정리되며 형식에서는 문어체에서의 탈피, 기사 형식의 파괴, 글자 중심에서 멀티미디어 뉴스로의 변화로 정리된다(김경희, 2012). 글자 중심에서 멀티미디어 뉴스로의 변화는 콘텐츠의 멀티미디어성(multimediality)을 의미한다. 멀티미디어성은 쌍방향성(interactivity), 하이퍼텍스트성(hypertexuality)과 함께 듀즈가 온라인 저널리즘의 이상적 형태의 하나로 꼽은 특성이다(Deuze, 2003). 그에 따르면 언론은 어떤 미디어 포맷이 기사를 가장 잘 전달할 수 있는지를 결정하고(멀티미디어성), 공중이 기사에 반응하고 상호작용을 할 수 있는 방법을 고려하고(쌍방향성), 하이퍼링크를 통해서 기사를 다른 기사나 문헌, 자료와 연결하는 방법을 생각해야 한다(하이퍼텍스트성).

문제는 텍스트, 사진, 도표를 동영상, 오디오, 문헌과 함께 기계적으로 결합한다고 해서 멀티미디어성을 갖추지는 못한다는 점이다. 기존 뉴스를 해체하고(deconstruction) 재구성하는(reconstruction) 기능이 필요한데, 단순히 영상 뉴스를 덧붙이는 방식이 아니라 다양한 미디어 양식을 효율적으로 조직해야 한다(김사승, 2008). 많은 요소를 나열한다고 해서 멀티미디어 콘텐츠가 되지 않으므로 여러 요소를 유기적이고 전략적으로 결합해야 한다. 다양한 요소를 결합하되 단순한 나열이 아니라 텍스트, 사진, 도표, 동영상, 오디오, 문헌을 이야기 구조로 통합하지 않으면 멀티미디어 구현의 의미가 줄어든다. 뉴스 구성 요소가 하나의 완결된 스토리라인을 갖춤과 동시에 전체가 톱니바퀴처럼 돌아가는 양식이 중요하다.

뉴욕타임스(New York Times)의 '스노우 폴(Snow Fall)'을 보자. 퓰리처상 기획 기사(Feature Writing) 부문을 2013년 수상했다. 온라인에서 이런 기사를 선보이기까지는 적지 않은 시간이 걸렸다. 뉴욕타임스 인터넷 홈페이지에 2000~2008년 실린 멀티미디어형 기사를 보면 사진, 영상, 인포그래픽을 활용한 기사가 해마다 늘어났지만 이런 요소가 신문에서 보조적 역할에 그쳤다(Jacobson, 2011). 신문 기사를 온라인에 그대로 옮기는 데 그치지 않고, 다른 수준으로 확장하려는 과정을 거쳤기에 '스노우 폴'이라는 혁신적 콘텐츠가 가능했다.

'스노우 폴'이 언론계에 신선한 충격을 준 지 11년이 됐다. 지금 시점에서 이 기사는 어떠한 의미를 갖는가? 한국 언론도 멀티미디어 특성을 잘 살린 기사를 '스노우 폴' 이후에 많이 선보였다. 그러면 '스노우 폴'은 더 이상 참고할만한 기사가 아닌가?

질문 2. 언론과 스토리텔링[2)]

전통 미디어가 새로운 환경에 맞게 투자하는 저널리즘의 유형은 언론 본연의 감시견 기능을 확장하는 기획/탐사 저널리즘, 수용자 또는 이용자에게 더 친근하게 다가가는 이야기체 저널리

2) 저자가 한국시각장애교육 · 재활학회 학회지에 게재한 논문에서 이론적 논의 부분을 일부 활용했다. (송상근, 2014b)

즘, 이용자가 함께 하거나 참여하는 집단 저널리즘으로 요약할
수 있다(최민재 양승찬 이강형, 2013).

이야기체 저널리즘은 디지털, 그리고 모바일 시대의 뉴스가 하
나의 콘텐츠로서 영화나 소설이나 연극처럼 스토리텔링 구조를
갖추도록 요구한다. 대표적 유형이 내러티브 기사다. 언론의 전
통적 작법인 역(逆)피라미드 기사에서 벗어나려는 노력의 산물
이다. 미국에서는 내러티브 저널리즘, 뉴 저널리즘, 문학적 저널
리즘, 창의적 논픽션, 피처 라이팅 등 다양한 이름으로 불리면서
(Kramer & Call, 2007/2019) 지면에 1970년대부터 반영됐
다. 사건을 이끌어 가는 주인공을 중심으로 사건이 일어난 순서
또는 사건의 원인과 결과를 드러내는 인과관계에 따라 기사를 서
술하는 점이 특징이다(곽민영, 2011).

역피라미드 기사에서는 가장 중요한 내용을 앞에서부터 배치
하고, 상대적으로 덜 중요한 내용을 뒷부분으로 돌린다. 이러한
작법은 국내 신문에 1930년대 초반에 도입된 것으로 추정된다
(이재경 외, 2001). 가장 중요한 내용을 요약, 정리해서 앞부분
에 배치하니 기사 전체의 흐름을 한눈에 들어오게 하고, 독자가
핵심을 빨리 알게 한다. 장점은 한편으로는 역피라미드 기사의
단점으로 작용한다. 앞부분에서 핵심을 드러내므로 독자는 뒷부
분까지 읽지 않아도 전체를 알게 된다. 또 독자가 판단하기 이전
에 기자가 특정 방향으로 유도한다는 비판을 받기 쉽다.

내러티브 기사는 특정 사안이 발생하면, 관련 사실만 요약하지

않고 원인이나 배경까지 넣어서 다양한 인물을 통해 전달한다. 취재 대상이 인물이라면 어떤 일을 했고, 어떤 말을 했다고 압축해서 소개하는 방식이 역피라미드 기사이다. 반면 그가 어떤 일이나 어떤 말을 하는 이유와 과정, 에피소드를 이야기하듯이 풀어가는 방식이 내러티브 기사이다. 인물이나 사례를 묘사함으로써 주제가 자연스럽게 불거지도록 하는 글쓰기 방식이다(송상근·박재영, 2009, 18쪽).

동아일보는 내러티브 기사를 국내 신문 중에서 가장 오래, 그리고 정기적으로 게재했다. 2009년 5월 4일 A8면에 처음 선보였다. 당시 안내문에는 '기존 기사 형식으로는 소화하기 어려운 삶과 현장의 이야기를 지면에 담아내기 위해 내러티브 리포트(Narrative Report)를 시작합니다. 내러티브 리포트는 주요 정보를 앞으로 올리는 기존 기사 형식과 달리 사람의 이야기(Storytelling)를 통해 생생한 현실감과 감성을 전달하는 기사입니다'라고 나온다.

안내문은 2010년 3월 27일 '이야기체 기사…생생한 삶의 현장을 감성적인 문제로 담아낼…'이라고 바뀌었다가 2014년 10월부터는 '삶의 현장을 담는 새로운 보도방식입니다. 기존의 기사 형식으로는 소화하기 힘든 세상 속 세상을 이야기체(Storytelling)로 풀어냅니다'로 고정됐다.

내러티브 리포트는 쉽게 정착하지 못했다. 1회(2009년 5월 4일)와 2회(2009년 5월 12일)가 나오고 7개월 동안 중단됐다.

그래서 저자가 사내 학습조직 '실전 내러티브 연구회'를 2010년 1월에 만들었다. 오피니언팀장으로서 여러 부서 후배와 같이 공부하면서 주제를 찾고 취재 과정을 조언했다. 3회는 2010년 3월 27일 나왔다. 교육복지부장이 되고는 편집국장 지시로 내러티브 리포트를 담당해서 부서별 발제를 취합하고 게재할 주제와 필자를 정했다. 이후로 내러티브 리포트가 주 1회 기획으로 자리를 잡았다. 저자는 회사를 퇴직하고 2014년부터 박사학위논문에 앞서 학술지용 논문을 준비하다가 내러티브 리포트를 연구했다. 취지를 얼마나 잘 살렸는지를 알아보기 위해 장애인을 다룬 20편을 분석대상으로 삼았다.

서민과 약자를 주로 다뤘다는 점에서 내러티브 리포트는 긍정적 역할을 했다. 한 면 전체를 정치인, 기업인, 스포츠 스타, 연예인이 아니라 주변에서 자주 만나는 평범한 인물을 주인공으로 선택했으니 좋은 시도였다고 평가할 만하다. 장애인 유형, 이야기 구조, 어휘 등 세부적인 면에서 부족했음이 확인됐다.

먼저 장애인 대상의 내러티브 리포트가 성별로는 남성, 연령대별로는 젊은 층 위주여서 장애 여성과 장애 노인처럼 이중적 고통이나 차별에 시달리는 이들을 제대로 반영하지 못했다. 또 이야기 구조 측면에서 예상하지 못한 장애 → 슬픔의 시작 → 역경의 극복이라는 정형성이 보였다. 새로운 스타일의 기사를 표방했는데도, 장애인 이야기를 비슷비슷한 구조로 전개한 셈이다.

어휘 분석에서는 역경 극복이라는 주제를 강화하는 표현을 집중적으로 선택한 것으로 나타났다. 실패보다는 성공, 절망보다는 희망에 초점을 맞추면 장애인 고통이나 차별을 충분히 전달하지 못한다. 장애를 극복한 장애인이 언론에서 칭송되는 동안 사회적 지원의 부재와 편견으로 인해 제한된 공간에서 살아가는 장애인은 '남들은 극복해 내는 것'을 '극복해 내지 못하는' 열등한 존재로 남을 수밖에 없다(유동철, 2001, 119-120쪽).

내러티브 리포트는 장애인 삶을 종합적이고 입체적으로 전달하는데 부족했다. 사회적 이해를 특정한 프레임에 머물게 하고, 담론을 제한했다. 이전 연구에서 계속 지적한 사항이다. 예를 들어 언론이 보도하는 장애 유형이 현실과 크게 다르다. 미국 언론은 휠체어 이용자, 청각장애인, 시각장애인의 순으로 가장 많이 다루지만, 통계적으로 가장 많은 장애는 관절염, 정신 지체, 청각장애이다(Haller, 2000).

국내 9개 종합일간지 보도(1990년 1월 1일~2010년 12월 31일)를 보면 지적장애를 다룬 기사에서 뉴스와 인터뷰가 절반을 넘고, 사건 사고나 미담 및 극복과 관련한 내용이 가장 많았다(김진훈 박정식, 2012). 오마이뉴스의 장애 관련 기사 역시 긍정적 내용 위주로 조선일보와 큰 차이가 없으며(김미혜 외, 2004) 지체 장애 내용은 성공한 장애인의 장애 극복 관련 기사를 주로 부각했다(황혜영 김자경 강혜진, 2010). 고민이나 고충, 고생이나 고통보다는 밝은 내용을 다뤄 실제 현실과 다른 정보를 수용자에게 전했다.

잘못된 정보와 정형화에 바탕을 둔 묘사는 장애인에 대한 부정적 태도를 만들거나 강화한다(Elliot & Byrd, 1982). 언론이 정확하거나 폭넓게 취재하지 않고, 특정 프레임(frame)을 선택하기 때문이다. 프레임은 카메라 렌즈를 통해 보이는 관점을 말한다. 관객이 보는 영화의 특정 장면은 실제 현실의 전체가 아니라, 촬영자가 선택한 일부일 뿐이다. 언론이 현실을 부정확하고 단편적으로, 또 특정 프레임으로 전하는 문제가 장애인 보도에만 나타나는가?

질문 3 언론과 감정[3]

세월호 보도에서 언론이 유족의 슬픔과 국민의 분노를 많이 전했다. 유례가 없는 참사였고, 누군가 책임져야 하는 문제이니 언론이 분노와 슬픔을 당연히 전해야 한다. 정부와 공무원이 상황을 관리하고 설명할 필요성에 직면하므로 재난은 지극히 정치적이다(Olson, 2000). 테러리스트 공격이나 정치적 지도자 암살과 똑같은 의미에서 정치적이지는 않지만 재난은 정치적으로 중요한 감정적 상황을 만들어낸다(Pantti, 2011, p.224).

한국에서 재난이 정치적으로 중요한 의미를 갖는 이유는 한국 상황과 밀접한 연관이 있어서다. 한국에서는 재난을 1960년대

---

3) 저자가 부산울산경남언론학회지에 게재한 논문에서 이론적 논의 부분을 일부 활용했다. (송상근, 2015a)

이후의 압축적 근대화에서 비롯된 현상(임현진 외, 2003, 193-240쪽)이나 돌진적 근대화의 영향(신창섭 외, 2006; 한상진, 1995 & 2008)으로 해석하는 경향이 강하다. 이재열(1998)은 한국의 초고속 성장과 위험은 동전의 양면과도 같다면서 대형사고의 공통점을 높은 위험추구경향, 사회적 조정과 협력의 실패, 사전예보제와 긴급구조체제의 미비, 관료의 부패와 법집행의 불공정성이라고 지적했다.

세월호 사고의 진실을 규명하고 책임자를 처벌하기 위해 아래로부터의 '애도의 정치'가 필요하다는 주장(정원옥, 2014)은 재난의 궁극적 책임이 정부 또는 정치에 있다고 보기 때문이다. 재난이 일어나면 비극을 부른 요인보다는 책임이 있는 사람을 찾는 과정이 시작된다(Drabeck & Quarantelli, 1967).

그러면 한국 언론의 재난 보도는 어떠한 특성을 갖는가? 연구를 종합하면 언론의 관행 및 보도 방향의 문제점을 지적하는 내용이 대부분이다. 재난 초기에는 성급한 취재로 오보를 내고, 수습 과정에서는 영웅이나 속죄양을 만들어 통곡상업주의, 고통상업주의, 재난상업주의(유승관 강경수, 2011)나 재난의 상품화(윤태진, 2014)라는 지적을 받는다.

또 다른 문제는 정확성과 심층성이 부족하다는 점이다. 개선되지 않는 이유는 준비 부족이 하나의 이유로 꼽힌다(Berrington & Jemphrey, 2003). 재난을 취재한 국내 기자 12명을 인터뷰한 연구에 따르면 시스템 지원 없이 취재에서 일상에 이르기까지 모든 것을 홀로 해결해야 하는 압박을 받으며, 준비가 충분치 않아 즉흥적으로 아이템을 개발하여 보도한다(홍은희, 2012). 세월호 보도의 경우, 미비한 취재 여건과 재난의 비극성으로 인해 취재기자의 45.9%가 심각한 외상을 겪었다(배정근 하은혜 이미나, 2014).

피해자가 슬퍼하는 와중에 언론이 선정적 보도를 하고 사생활을 침해하면 피해자는 '상징적 폭력과 2차 트라우마'에 시달린다(Kay, Reilly, Connolly & Cohen, 2010). 국민은 재난을 막지 못하고 수습과 대책에 허술한 정부에 분노하고, 이런 분노는 부정확하고 선정적으로 보도하는 언론으로도 향한다. 유족에게 상처를 주고, 사실을 제대로 확인하지 않는 등 취재 보도의 기본 원칙을 지키지 않아서 세월호 보도가 많은 비판을 받았다(송상근, 2015b).

정부의 무능과 언론의 무책임에 대해 여론이 분노하면 언론은 피해자 마음을 달래려 한다. 상처로 인해 형성된 감정을 언론이 부각하면 국민은 자신들의 목소리가 어느 정도 반영됐다고 생각하고 위로받는다. 메이스(Mayes, 2000)는 이를 '치유의 뉴스(therapy news)'라고 표현하면서 부정적으로 평가했다. 감정을 드러내는 보도는 감정적이라는 단어와 맞물려 타블로이드 신문의 관행, 선정성, 편향성, 상업주의, 숙련되지 못한 언론이라는 말과 함께 사용되는 경우가 일반적이다(Peters, 2011).

재난 보도는 피해자 고통을 최소화하고 재난구호 및 예방 차원에서 수행해야 하며, 사회가 일체감을 가지고 재난을 효율적으로 극복하도록 사회공동체 유지에 주력해야 한다(김성재, 2003). 재난극복과 사회공동체 유지는 책임규명과 처벌, 그리고 제도개선을 전제로 한다. 분노를 포함한 국민 목소리는 여기에 영향을 미친다. 힘이 없는 사람들의 분노는 정치에 꼭 필요한 목소리이며, 이들에게 귀를 기울이는 일은 사회적 고통을 줄이고, 정치적 대화를 강화하며, 불의를 시정하려는 능력을 강화한다(Lyman, 2004).

피해자에게 관심을 보이고, 그들의 목소리에 귀를 기울이는 모습은 고통을 치유하는 과정에 필수적이다. 국민 권리와 시민의식을 드러낸다는 점에서 분노와 슬픔을 잘 다룬 보도는 재난극복과 사회공동체 유지에 기여한다. 판티와 왈 요르겐슨(Panti & Wahl-Jorgensen, 2011)은 이처럼 분노가 수행하는 긍정적 역할에 주목했다.

중요한 점은 분노와 슬픔을 전하는 방식이다. 분노와 슬픔은 감정인데, 언론은 사실을 객관적으로 전하는데 충실해야 하므로 내용을 감정적으로 구성하면 문제라는 인식이 지배적이었다. 하지만 보도가 감정적이면 문제라고 해서 감정 그 자체를 다루지 않으면 곤란하다. 언론이 경계하고 조심할 부분은 감정의 전달 방식이다. 감정 그 자체를 다루지 말라는 뜻이 아니다. 국민은 권력 남용과 부정부패, 사회 갈등과 논란, 재난과 범죄를 접하면서 어떠한 식으로든 감정을 느낀다. 언론이 다루지 않는다면 현실의 중요한 부분을 놓치는 셈이 된다. 언론은 분노와 슬픔을 어떻게 다뤄야 하는가?

좋은 기사를 찾는 과정에서 세 가지 키워드에 주목했다. 인터넷, 스토리텔링, 감정. 새로운 미디어 환경에서 국민의 분노와 슬픔을 언론이 어떻게 스토리텔링하는지가 중요하다고 생각했다. 국내외에서 우수작이라고 평가받는 뉴스를 집중적으로 검토하려고 감정을 유발하는 주체 또는 영역에 따라 4개로 나눴다.

첫째, 권력이다. 대통령, 정부 부처, 고위 공직자, 국회의원, 대기업이 잘못 판단하고 권한을 잘못 행사할 때가 있다. 권력 남용, 예산 낭비, 부정부패가 분노를 유발한다. (2부 1~5장)

둘째, 죽음이다. 군 당국의 잘못된 판단으로, 남성 위주의 문화로, 부모의 부주의로 누군가 목숨을 잃는다. 피해를 겪으면 당사자가 슬퍼하고, 피해자를 보면 국민이 슬퍼한다. (2부 6~10장)

셋째, 재난이다. 재난은 인간을 위협하고, 인간은 전쟁과 테러로 다른 인간을 위협한다. 피할 수 없기에 피해자가 슬퍼하고, 피할 수 있기에 국민이 분노한다. (2부 11~15장)

넷째, 약자다. 목소리를 내기 힘든 집단과 계층이 있다. 이들은 소외된 스스로에게 슬퍼하며, 소외시킨 누군가에게 분노한다. (2부 16~20장)

퓰리처상 선정위원회, 뉴스지도자협회(NLA), 노스텍사스

대학교(North Texas University)의 메이본저널리즘스쿨
(Mayborn School of Journalism)이 선정한 언론상 수상작을
검토해서 권력, 죽음, 재난, 약자로 인한 분노와 슬픔의 스토리
텔링 방식을 정리했다. 어떻게 취재했고, 어떻게 구성했을까? 내
용과 표현을 어떻게 정리했을까? 우수 보도가 세계와 국가와 사
회를 어떻게 바꾸었을까?

2부

침묵과 용기

1 장

〈개요〉

제목＝성폭력 주장이 할리우드 거물을 따라다녔다

    (Sexual misconduct claims trail a Hollywood mogul)

매체＝뉴욕타임스(New York Times)

기자＝조디 칸토(Jodi Kantor) 메건 투헤이(Megan Twohey)

보도＝2017년 10월 6일

수상＝퓰리처상 2018년 공공보도(Public Service) 부문

뉴욕타임스는 퓰리처상의 공공보도 부문을 2018년에 잡지 뉴요커와 공동 수상했다. 퓰리처상 선정위원회는 "할리우드의 가장 영향력 있는 제작자에 대한 의혹을 포함하여 막강하고 재력이 강한 성적 가해자 실체를 폭발력 있고 영향력이 강한 저널리즘이 폭로함으로써 오랫동안 덮어졌던 강압, 잔인함, 그리고 피해자를 침묵시킨 의혹에 책임을 지도록 유도했고, 여성의 성적 학대에 대한 전 세계적인 응보를 촉발했다"라고 평가했다(Pulitzer

Prizes, 2018).[1] 두 매체 수상작은 22건으로 이 중에서 뉴욕타임스가 18건이다. 10월 보도가 할리우드 제작자의 성폭력을 처음 폭로했다.

뉴욕타임스 수상작

날 짜	제 목
2017년 10월 6일	성폭력 주장이 할리우드 거물을 따라다녔다 (Sexual misconduct claims trail a Hollywood mogul)
2017년 10월 11일	유명 여배우들이 와인스타인에게 성적으로 학대당했다고 증언하다 (Big-name actresses say they were harassed by Weinstein
2017년 10월 31일	와인스타인에 대한 새로운 성추행 주장이 1970년대까지 늘어나다 (New accusers expand claims against Weinstein into the 1970s)
2017년 12월 6일	성추행 공범 시스템을 조장하다 (Feeding the complicity machine)

10월 6일, 1면 톱의 주 제목은 '성폭력 주장이 할리우드 거물을 따라다녔다(Sexual misconduct claims trail a Hollywood mogul)'이다. 부제목은 '오스카상을 받은 제작자가 30년간 최소한 8건을 조용히 무마했다(Oscar-winning producer has quietly settled at least 8 complaints in 3 decades)'이다. 와인스타인의 성폭력, 그리고 이런 사실을 덮었던 합의 처리가 옳다 또는 그르다고 판단하지 않고, 취재팀이 확인한 사실을 있는 그대로 전한다. 첫 단락과 세 번째 단락을 보자.

20년 전에 할리우드 제작자 하비 와인스타인이 애슐리 주드를 페

---

1) For explosive, impactful journalism that exposed powerful and wealthy sexual predators, including allegations against one of Hollywood's most influential producers, bringing them to account for long-suppressed allegations of coercion, brutality and victim silencing, thus spurring a worldwide reckoning about sexual abuse of women.

닌슐라 비버리힐 호텔로 불렀다. 젊은 여배우는 영화 이야기를 위한 아침 식사 약속이라고 생각했다. 그게 아니라 와인스타인은 그녀를 자기 방으로 올라오게 했다. 거기서 목욕가운 차림으로 나타나서 자기가 그녀를 마사지해도 좋은지, 아니면 자기가 샤워하는 모습을 지켜볼 수 있는지를 물었다고 주드는 인터뷰에서 회상했다.[2]

2014년에 와인스타인은 임시직으로 하루 일한 에밀리 네스터를 같은 호텔로 불러서 다른 제안을 했다. 성적 유혹을 받아주면 경력을 쌓도록 밀어주겠다고. 그녀가 당시 동료들에게 했던 말은 와인스타인 회사의 임원진에게 전달됐다. 1년 뒤에도 페닌슐라 비버리힐 호텔에서 와인스타인이 옷을 입지 않은 자신을 마사지하도록 괴롭히자 여비서가 "울면서 정신이 없어 했다"라고 동료였던 로렌 오코너가 썼다. 그녀의 메모는 상사가 저지른 성적 학대와 다른 비행을 강하게 주장했다.[3]

첫 단락 다음에는 여배우 주드, 세 번째 단락 다음에는 오코너의 말이 나온다. 도입부 단락 4개를 회상-인용-회상-인용의 순서로 구성했다. 첫 번째 사례는 20년 전, 두 번째 사례는 3년 전일이다. 와인스타인 행위가 지속적이고 반복적이었음을, 즉 사안이 심각함을 기사가 구체적으로 보여준다.

2) Two decades ago, the Hollywood producer Harvey Weinstein invited Ashley Judd to the Peninsula Beverly Hills hotel for what the young actress expected to be a business breakfast meeting. Instead, he had her sent up to his room, where he appeared in a bathrobe and asked if he could give her a massage or she could watch him shower, she recalled in an interview.
3) In 2014, Mr. Weinstein invited Emily Nestor, who had worked just one day as a temporary employee, to the same hotel and made another offer: If she accepted his sexual advances, he would boost her career, according to accounts she provided to colleagues who sent them to Weinstein Company executives. The following year, once again at the Peninsula, a female assistant said Mr. Weinstein badgered her into giving him a massage while he was naked, leaving her "crying and very distraught," wrote a colleague, Lauren O'Connor, in a searing memo asserting sexual harassment and other misconduct by their boss.

첫 번째 사례는 주드에게서 확인했음을 '인터뷰에서 회상했다(she recalled in an interview)'라는 표현이 알려준다. 두 번째 사례는 오코너 메모를 통해 확인했음을 '와인스타인 회사의 몇몇 임원에게 보낸 편지에서(in a letter, addressed to several executives at the company run by Mr. Weinstein)'라는 표현이 알려준다. 출처를 명확하게 밝힘으로써 보도가 탄탄함을 독자에게 자연스럽게 알려준다.

다섯 번째 단락에서는 취재 방법과 근거를 더 자세하게 설명한다. 취재팀은 수십 년에 걸친 와인스타인 성폭력을 취재하려고 피해 여성, 전현직 회사 직원, 영화계 종사자를 만났다. 취재원이 말한 내용은 법적 문서, 이메일, 내부 문건을 통해 다시 확인했다. 와인스타인 행위가 과거 일이라서 당사자 얘기를 먼저 듣고, 다른 인물 및 자료를 활용해서 확인하는 절차를 거쳤다.

다음 단락에서는 피해자가 첫 2명에 그치지 않고, 훨씬 더 많았다고 설명한다. 익명을 조건으로 취재에 협조한 회사 직원 2명에 따르면 와인스타인은 최소한 피해자 8명과 합의했다. 이런 사실은 여러 문건 그리고 합의 내용을 잘 아는 관계자 인터뷰로 확인했다고 취재팀은 기사에 썼다.

합의문과 기록에 따르면 와인스타인은 1990년 뉴욕의 젊은 비서, 1997년 여배우, 1998년 런던의 비서, 2015년 이탈리아 모델 그리고 오코너 등과 비공개로 합의했다. 기사에 연도(1990년, 1997년, 1998년, 2015년), 지역(뉴욕, 런던), 직업(직원,

여배우, 모델)을 밝혔다.

반론은 7~9번째 단락에 반영했다. 먼저 와인스타인이 뉴욕타임스에 보낸 입장문을 단락 2개에 넣었다. 다음은 변호인 주장. 첫 문장에서 변호인 입장문을 인용하고, 다음 문장에서 취재팀에게 직접 얘기한 내용을 추가했다. 문장 하나하나의 근거를 밝혔기에 당사자에게 해명 기회를 충분히 제공했음을 독자가 알게 된다.

취재팀은 사실을 꼼꼼하게 확인했다. 그리고 확인 과정을 기사에 같이 넣음으로써 신뢰도를 높였다. 기네스 팰트로 사례를 보자. 그가 22세였을 때, 무명 배우에서 벗어날 역할을 맡았다. 와인스타인이 영향력을 행사해 주연으로 발탁한 결과였다. 팰트로는 기자에게 이렇게 말했다. 촬영 시작 전에 와인스타인이 자신을 호텔 스위트룸으로 불렀다, 영화 이야기를 하는 척하다가 성행위를 요구했다, 팰트로는 요구를 거절하고 방에서 나왔다, 남자친구가 자초지종을 듣고 와인스타인에게 강하게 항의했다….

팰트로 말을 듣고 취재팀이 기사를 바로 쓰지 않았다. 또 팰트로 말만 기사에 넣지 않았다. 팰트로 말이 사실인지를 남자친구에게 먼저 확인했다. 언제, 어디서, 어떻게 들었는지를 물었다. 팰트로 말과 남자친구 기억이 일치하는지를 하나하나 따졌다. 그리고 취재팀은 팰트로와 남자친구 설명에 대한 와인스타인 주장을 들었다. 팰트로의 당시 남자친구는 브래드 피트였다고 기사에 나온다. 민감한 사안에서 당사자를 모두 취재하는 삼각 확인의 전형적 사례다.

피해자가 전하는 성폭력 피해를 취재팀은 구체적으로 전하되, 가해자 주장까지 자세히 넣음으로써 균형성을 유지한다. 도입부에서 피해자 이야기와 가해자 이야기를 모두 제시함으로써 전체 그림을 보여주고 나서 구체적 사례를 하나씩 풀어놓는 식이다.

나는 생계를 유지하고 경력을 쌓으려는 28세 여성입니다. 하비 와인스타인은 64세, 세계적으로 유명한 인물이고, 이곳은 그의 회사입니다. 권력관계로는 내가 0, 하비 와인스타인이 10입니다.[4]

여직원 로렌 오코너가 2015년 작성한 메모에서 자신과 와인스타인의 권력을 0대 10으로 비교했다. 여직원이 뭐라고 말했다, 와인스타인이 뭐라고 반박했다고 알려졌다는 식으로 기자가 간접적으로 전하지 않는다. 메모에 나온 숫자를 보여줌으로써 피해자가 처한 상황과 분위기를 있는 그대로 독자에게 전한다.

성폭력을 다양한 증언과 문건을 통해서 알리지만, 뉴욕타임스는 와인스타인을 악마화하지 않는다. 그가 나쁜 행위를 했다는 식으로 계속 나열하지 않고, 여러 각도에서 조명한다. 즉 대중문화 및 여성계에 와인스타인이 실제로 도움을 줬던 일을 소개했다.

기사에 따르면 와인스타인이 제작한 영화와 드라마는 오스카상 6개를 수상했다. 그는 스스로를 자유주의적이며 여성 권리

---

4) I am a 28-year-old woman trying to make a living and a career. Harvey Weinstein is a 64-year-old, world famous man and this is his company. The balance of power is me: 0, Harvey Weinstein: 10.

를 옹호해서 상까지 받았다고 표현한다. 오코너가 메모를 작성한 2015년에도 와인스타인은 '캠퍼스 성폭행'과 관련된 다큐멘터리를 제작해서 배포했고 여성을 위한 행진에 참여했다. 또 민주당 기부자로 정치권과 많은 인연이 있었다. 겉으로는 이렇게 훌륭하게 보였지만(From the outside, it seemed golden) 내막은 엉망 그 자체였다(But behind the scenes, it was a mess, and this was the biggest mess of all)라고 영화계 관계자가 실명으로 말했다.

와인스타인 행위를 전 현직 직원이 알았다. 30년 가까이 수면 위로 드러나지 않은 이유는 무엇일까? 와인스타인, 그리고 변호인이 소송을 피하려고 거액을 건네면서 합의 조건으로 비밀 준수를 요구했기 때문이다. 할리우드에서 막강한 실력자로 통하는 와인스타인을 상대로 소송을 제기하려면 용기와 인내와 비용과 시간이 필요하다. 무명 여배우, 그리고 사회생활 경험이 적은 젊은 여성에게 선택 폭이 넓지 않았다.

오코너는 2015년 메모를 작성하고 이사진과 경영진에게 우려를 전달했다. 피해자와 와인스타인이 합의하자 문제를 더 제기하지 않았다. 오코너는 뉴욕타임스와 인터뷰하지 않았다. 합의문에 비밀 준수 조항이 있어서다. 취재원이 입을 열지 않으면 기사를 쓰지 못할까? 오코너가 취재에 응하지 않자, 취재팀은 다른 경로로 메모를 입수한다. 와인스타인 행위를 오코너가 어떻게 봤는지는 오코너 입이 아니라, 그가 만든 메모로 알렸다.

뉴욕타임스 보도로 와인스타인은 제작사(와인스타인 컴퍼니) 이사회에서 해고됐다. 또 영화예술과학아카데미 회원 자격이 취소됐다. 이를 계기로 할리우드에 이어서 법조계, 학계, 기업 등 다른 분야에서 성폭력을 포함한 차별 문제를 여성이 공개적으로 제기했다. 움직임이 전 세계로 퍼져 여성들이 소셜 미디어 해시태그(#metoo)를 사용하며 차별과 성폭력의 경험을 드러냈다. 기억을 공유함으로써 사회적 관심과 연대가 가능했고, 가해자가 사과하고 처벌받았으며, 정부와 기업과 대학이 정책과 규정을 수립하거나 보완했다.

자기 기사가 사회를, 세상을, 시대를 바꾸는 과정을 취재팀은 "댐의 벽이 무너지는 모습을 놀라움 속에서 지켜봤다(We watched with astonishment as a dam wall broke)"라고 말했다(Kantor & Twohey, 2019, p.2). 잡지 '내셔널 리뷰' 편집장은 문화 혁명(a cultural revolution)이라고 표현하면서 "어떤 언론이 미국인 삶에 이런 변화를 바로 가져왔는지 생각하기 어렵다(It's difficult to think of any piece of journalism that has ever wrought such an instant change in American life)"라고 칭찬했다(Lowry, 2017).

조디 칸토는 컬럼비아대학교를 졸업했다. 하버드대학교 로스쿨에서 한 학기를 다니고 잡지사에서 일하다가 뉴욕타임스 예술·레저 섹션 편집자를 거쳐 취재기자가 됐다. 그는 2016년에 '난민을 환영합니다(Refugees welcome)'라는 기사를 썼다. 캐나다 국민이 시리아 난민 5만여 명을 받아들이는 과정을 감동적으로 기록했다.

메건 투헤이는 조지타운대학교를 졸업했다. 로이터통신, 시카고트리뷴, 밀워키저널센티넬에서 기자 생활을 했다. 시카고트리뷴에서는 인증을 받지 않은 성폭력 검사도구 문제를 지적해 관련 법률 제정에 영향을 미쳤고 환자를 학대하는 의사, 입양아동을 거래하는 지하조직을 다뤄 눈길을 끌었다. 또 도널드 트럼프 대통령의 성추행과 성희롱을 2016년부터 집중취재했다.

두 기자는 와인스타인 보도로 퓰리처상과 조지 포크상 등 다수 언론상을 받았다. 또 잡지 '타임'이 선정한 '올해의 가장 영향력 있는 100인 명단'에 포함됐다. 이들은 퓰리처상 수상작과 취재 보도 과정을 정리해서 〈그녀가 말했다(She Said)〉를 2019년 12월 출간했다. 독자와의 대화에서 질문이 나왔다. "취재에 응하기를 꺼리는 사람이 말하도록 하는 기법을 몇 가지 알려줄 수 있나요?(Can you share some of the techniques you used to get reluctant people to talk?)" 칸토는 이렇게 대답했다.

천천히, 인내하면서 해야 합니다. 가능하면 취재원을 직접 만나러 갔어요. 이런 말을 계속했어요. 이용만 하는 게 아니라고 피해자에게 분명히 하려고 했죠. 기자와 취재원이 친구 관계는 아니에요. 투명해지려고는 했어요. 그리고 때로는 취재원에게 대답했어요. 취재원은 이렇게 말합니다. "그런데 누구도 우리를 믿지 않으면요?" 우리는 이렇게 말했어요. "뉴욕타임스에서 이런 이야기를 확인합니

다. 다른 증거도 찾지요."(New York Times, 2020)[5]

취재에 비법은 없다. 성실함과 노력이 비법이라면 비법이다. 중요한 취재원이 누구인지 알고, 그를 찾아가서 대화를 요청해야 한다. 거절당해도 포기하지 않아야 한다. 천천히, 인내하면서 (by being slow and patient) 예의 바르게 다시 요청해야 한다. 기자가 성실하면 취재원이 반응한다. 기자가 진심이면 취재원 역시 진심이 생긴다. 와인스타인 보도는 기자가 취재원을 대하는 기본자세를 조용히, 그리고 분명하게 알려준다.

---

5) You do it by being slow and patient. We went to see people in person whenever possible. We had repeated conversations; we tried to make it clear to the victims that we weren't just using them. A reporter-source relationship is not a friendship. We tried to be transparent. And we could sometimes have answers for people. People would say, "Well what if nobody believes me?" We could say: "Well, at The Times, we corroborate these stories. We look for other forms of evidence.

처음 갔던 워싱턴[1)]

2 장

〈개요〉

제목＝공격: 막전 막후(The attack: Before, during and after)

매체＝워싱턴포스트(Washington Post)

기자＝특별취재팀

보도＝2021년 10월 17일

수상＝퓰리처상 2022년 공공보도(Public Service) 부문

도널드 트럼프 대통령을 지지하는 시위대가 폭력 사태를 유발했다. 민주당 조 바이든 후보의 대통령 당선을 의회가 공식 인정하려고 하자 의사당 건물에 몰려가면서다. 2021년 1월 6일이었다. 시위대 등 5명이 숨지고, 경찰 140명이 다쳤다. 단순 시위가 아니었다. 워싱턴포스트에 따르면 '진실과 미국 민주주의 미래를 놓고 벌어진, 광범위한 전쟁에서 있었던 전투(a battle in a broader war over the truth and over the future of American democracy)'였다.

---

1) 저자가 한국언론진흥재단의 〈신문과 방송〉에 썼던 글을 일부 활용했다. (송상근, 2022)

41

난입 1년이 다가오자 워싱턴포스트는 기자 25명을 포함, 75명을 투입했다. 취재팀은 정치인, 시민, 전문가 등 230명 이상을 인터뷰하고 수천 쪽의 문건과 수백 건의 동영상, 사진, 음성파일을 검토했다. 퓰리처상 홈페이지를 보면 수상작은 15건이다. 대부분은 난입 직후에 보도했다. 수상작 목록의 맨 앞에는 특별 기획(2021년 10월 30일 기사)이 있다. 제목은 '공격: 막전 막후'이다.

공격이라는 단어는 오사마 빈 라덴이 주도한 2001년 9·11 테러 당시에 미국 주요 언론이 1면 제목에 사용했다. 뉴욕타임스는 '미국, 공격 당하다(U.S. attacked)'라고, 로스앤젤레스타임스(Los Angeles Times)는 '테러리스트, 뉴욕과 국방부 공격(Terrorists attack New York, Pentagon)'이라고 표현했다. 조선일보도 '美國이 공격 당했다'라고 1면 제목을 만들었다. 의사당 난입이 미국 민주주의 역사에서 어떠한 의미를 갖는가를 보여준다.

워싱턴포스트는 특별 기획을 3부작으로 구성했다. 제목 다음에 나오는 첫 문장은 이렇다. "1월 6일의 미국 의사당 포위 공격은 자연발생적 행동이 아니었고 개별적 사건도 아니었다(The Jan. 6 siege of the U.S. Capitol was neither a spontaneous act nor an isolated event)." 의사당 공격이 자연발생적 행동이 아니라는 표현은 트럼프 대통령과 공화당 강경파의 선동과 묵인이 있었음을 의미한다. 개별적 사건이 아니라는 표현은 미국 민주주의가 근본적으로 위협을 당했다는 위기의식을 반영한다. 워싱턴포스트는 시점을 기준으로 의사당 공격을 조명한다. 가장 먼저 나오는 내용은 키워드와 주제문이다.

워싱턴포스트 수상작

단계	키워드	주제문
공격 전 (Before)	적신호 (Red flags)	트럼프가 지지자를 워싱턴에 오도록 부추겼고, 이 중 상당수가 폭력적 행동을 저지를 의도가 있었지만 사법 당국은 1월 6일 전에 점점 늘어나던 경고에 주의를 기울이지 않았다(Law enforcement agencies fail to heed mounting warnings before Jan. 6 as Trump propels his supporters to Washington, many with the intent to commit violent acts).
공격 중 (During)	유혈 사태 (Bloodshed)	187분의 끔찍했던 순간에 대통령은 지지자의 의사당 공격을 지켜보면서도 이를 중단하라고 호소하는 데는 머뭇거렸다(For 187 harrowing minutes, the president watches his supporters attack the Capitol and resists pleas to stop them).
공격 후 (After)	만연한 조작정보 (Contagion)	의사당 포위 공격 이후에 위협과 허위 정보가 전국적으로 확산했는데 이는 미국 민주주의 근간을 흔들었다(Menacing threats and disinformation spread across the country in the wake of the Capitol siege, shaking the underpinnings of American democracy).

인물 소개 코너는 영화 포스터와 트레일러처럼 만들었다. 주요 인사의 역할과 행동을 제목(3~4개 단어)과 한 문장으로 설명하면서 사진을 게재했다. 예를 들어 트럼프에 대해서는 '대통령의 도발(A president's provocation)'이라는 제목 아래 이렇게 설명했다. "민주주의를 파괴할 계획을 세우고,

지지자들이 의사당에서 날뛸 때는 방관했다."

의사당 경비대원을 보자. '첫 대응 인력의 트라우마(A first responder's trauma)'라는 제목 다음에 그가 겪는 후유증을 알려준다. "폭력진압 활동을 막는 데 도우려고 달려간 뒤에 의사당 경비대의 카네이샤 멘도자 경감은 화상과 악몽, 그리고 그녀의 생활이 이전 같지 않을 것이라는 생각에 시달리는 중이다."

워싱턴포스트가 의사당 공격을 종합적으로 조명한다면, 뉴욕 타임스는 공격 순간 자체를 정밀하게 전달한다는 점에서 눈길을 끈다. 인터넷 홈페이지에서는 '격분했던 90초(90 seconds of rage)'라는 제목 아래 도입부가 네 단락으로 나온다(Barry, D., Feuer, A. & Rosenberg, M., 2021).

2021년 1월 6일, 오후 4시 17분. 의사당 안에서의 대립이 점점 진정됐다. 하지만 밖에서는 성난 군중이 날뛰었다.

트럼프 대통령은 트위터로 잘못된 주장을 되풀이했다. 자신이 졌던 선거가 '사기'였다고. 그러면서도 시위대와 침입자들이 집에 돌아갈 시간이라고 말했다. 그들은 돌아가지 않았다.

오후 4시 27분. 해가 질 무렵이 되면서 폭력이 분출됐다. 트럼프가 부추긴 시위대가 의사당을 지키던 경찰을 공격했다. 중세 시대 내란처럼 깃대와 버팀목, 심지어 많은 나뭇가지를 사용하면서 말이다.

그리고 피가 대리석 계단에 흘렀다.[2]

---

2) Jan. 6, 2021 - 4:17 p.m. Inside the United States Capitol, the mayhem is winding down. But outside, an angry mob is roiling.

President Trump uses Twitter to falsely assert, once again, that the election he lost was "fraudulent." Still, he tells the rioters and trespassers that it is time to go home. They do not.

4:27 p.m. With dusk approaching, violence erupts. The Trump-inspired rioters attack the police guarding the Capitol, using flagpoles, crutches - even chunks of wood - as they wage a medieval civil war.

And blood spills on the marble steps.

신문에는 2021년 10월 17일 1면(톱)과 22면에 게재했다. 주제목은 '의사당 계단에서 격분했던 90초(90 seconds of rage on the Capitol steps)'이다. 부제목(Inside, violence ebbed. Outside, 7 men united in a moment of stunning brutality)이 보여주듯이 의사당 공격에 적극적으로 가담한 7명을 중심으로 풀어간다. 이들은 평소에 어떤 시민이었는지, 어떠한 이유로 의사당에 갔으며, 현장에서는 어떻게 행동했는지, 그리고 기소 이후에는 어떻게 생각하는지를 카메라처럼 한 명씩 보여준다. 기사는 한 명의 동작을 묘사하는 내용으로 시작한다.

흥분한 시위대가 의사당에 밀고 들어가면서 경찰과 의회 경비원을 폭행했다. 의원들은 공포 속에 몸을 피했다. 일부 시위대는 총에 맞아 숨졌다. 취재팀은 혼란의 순간을 경찰로부터 입수한 바디캠 영상으로 보여준다. 화면에는 '2021년 1월 6일 16시 27분 Axon Body 3'이라고 나온다. 1분 2초 분량으로 시위대가 경찰과 의회 경비원에게 욕을 하며 둔기를 휘두르는 모습을 담았다. 영상 제목은 '의사당 입구의 대혼란 (Mayhem on the threshold of Congress).'

미국 역사에서 초유의 사태였다. 독립전쟁 당시의 영국군을 제외하면 의사당을 국민이 공격한 일이 없었다. 시위로 600명 이상이 체포됐고, 이 중에서 4분의 1 정도가 기소됐다. 주목할 부분은 오스 키퍼(Oath Keepers)나 프라우드 보이스

(Proud Boys) 같은 반정부 또는 극렬단체 관계자가 적었다는 점이다. 영상에 나오는, 가장 폭력적인 참가자는 대부분 평범한 시민이었다.

이들은 도대체 누구일까? 시위에는 왜, 어떻게 참여했을까? 이들을 들여다보려는 기사 취지가 앞부분에 나온다. "비디오를 천천히 돌려보면 겉으로는 평범한 시민이 정치적 거짓말에 속고, 격앙된 군중 속으로 휩쓸려 가면서 놀랄 정도로 잔인한 행동을 어떻게 함께 했는지를 정밀하게 검토할 수 있다."

취재팀은 영상에서 두드러진 7명에 초점을 맞췄다. 이들은 난입 현장에서 체포되어 재판을 같이 받았다. 사는 주(州)는 모두 달랐다. 같은 단체의 회원도 아니었다. 트럼프를 지지한다는 점이 비슷하다. 연방 검찰은 수없이 많은 중범죄를 저질렀다며 공동 기소했다. 반면에 친척과 친구는 아주 좋게 생각했다. 완벽한 이웃(perfect neighbor), 독실한 신자(devout churchgoer), 자상한 아버지(attentive father), 좋은 사람(good guy). 궁금증이 더 생긴다. 이렇게 평범하면서도 선량한 이들이 어떤 이유로, 사상 초유의 의사당 난입 현장에서 앞에 섰을까? 인적 사항은 현장에서 찍힌 얼굴 사진과 함께 다음과 같이 나온다.

① 수염을 기른 트럭 운전사. 아칸소주 출신으로 성조기를 무기로 삼음

② 중장비 기사. 미시간주 출신으로 한때는 연애 소설에서
　 표지모델로 나옴

③ 울타리 설치업자. 조지아주 출신.

④ 지구물리학자. 콜로라도주 출신

⑤ 전역한 해병. 펜실베이니아주 출신

⑥ 부 보안관. 테네시주 출신

⑦ 자수성가한 사업가. 켄터키주 출신으로 이름은 클레이튼
　 레이 뮬린스(Clayton Ray Mullins). 52세. 자기가 사
　 는 지역의 작은 교회가 잘 운영되도록 헌신하는, 선의를
　 가진 사람이라고 스스로 설명. 술과 담배를 하지 않고,
　 SNS에서 욕을 하지 않고 남을 괴롭히지 않으며, 뉴스보
　 다는 서양 고전음악을 더 좋아함

취재의 꼼꼼함은 두 번째 영상이 알려준다. 제목은 '의사당
현관에서의 격투(The fight for the doorway)'로 1분 2초
분량이다. 영상에서 19~20초 지점에 가면 화면이 잠시 멈춘
다. 그리고 7명이 난입 순간에 각각 어디에 있었는지를 독자
가 쉽게 알도록 위치를 동그라미로 표시하고 옆에 이름을 넣
었다.

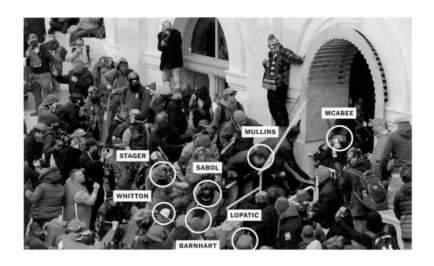

주인공에 해당하는 7명을 소개하면서 기자는 켄터키주 출신의 뮬린스를 더 자세하게 설명했다. 그리고 이렇게 명단 끝의 뮬린스로부터 기사를 본격적으로 전개한다. 문장과 문장, 단락과 단락을 물 흐르듯 자연스럽게 연결하는 작법이 인상적이다.

의사당 난입 전에 뮬린스는 워싱턴에 갔던 적이 없다고 나온다. 궁금증이 더 생긴다. 한 번도 가지 않은 워싱턴에 뮬린스는 왜 갔을까? 그리고 폭력을 왜 휘둘렀을까? 흥미로운 점은 이런 뮬린스 이야기로 기사가 끝난다는 사실이다. 뮬린스가 고개를 숙이고 손으로 얼굴을 가리며 우는 사진이 홈페이지 기사의 마지막에 나온다.

취재팀은 7명이 의사당에 오기까지의 과정을 카메라처럼

보여준다. 당사자의 이야기를 듣고, 가족, 친구, 이웃, 동료와 대화한다. 이들의 집과 직장을 보여주고, 수사를 받을지 모른다고 생각해서 증거를 없애는 모습과 체포되고 재판받는 과정을 전한다.

사상 초유의 의사당 난입 순간에 앞장섰다. 평소에는 다정한 가족이자 이웃이었다. 전에는 법과 질서를 잘 지켰고, 미국을 사랑했다. 성실하고 선량한 국민이 폭력을 휘둘렀다. 고함을 지르고, 둔기를 휘두르면서 의사당에 밀고 들어갔다. 기사와 영상을 보면 해답이 아니라 질문이 다시 생긴다. 민주주의는 무엇인가? 애국심이란 무엇인가?

〈개요〉

제목＝최일선의 희생자(Lost on the frontline)

매체＝KFF헬스뉴스(KFF Health News) 가디언US(Guardian US)

기자＝재인 스펜서(Jane Spencer) 외

보도＝2020년 4월 8일

수상＝뉴스지도자협회(NLA) 2021년 배튼 메달(Batten Medal)

　뉴스지도자협회는 해마다 부문별로 우수 보도를 시상한다. 배튼 메달은 퓰리처상의 공공보도 부문에 해당한다. 코로나19가 세계적으로 유행하자 NLA는 배튼 메달 부문을 코로나19 보도에서 선정했다. 감염병 대유행이라는 전례 없는 상황에서 언론 역시 위기를 겪었지만 탁월한 보도를 했던 점을 격려하자는 취지였다. 2021년에는 KFF헬스뉴스와 가디언US가 공동으로 받았다.

　수상작 '최일선의 희생자'는 두 매체가 1년 이상 협업한 결과다. 코로나19 초기부터 의료기관과 요양시설의 의사, 간호사, 행정직원이 위험 상황에 노출됐는데도 연방정부와 주 정부가 주의를 기울이지 않아 보건의료인 3600명 이상이 목숨을 잃었다고 보도했다. 감염병 치료의 최전선에서 환자를 돌보다가 정작 보건의료인이 희생됐다는 얘기다.

프랭크 가브린(Frank Gabrin)이라는 의사가 2020년 4월에 코로나19로 숨졌다. 당시 60세로, 응급실 의사로는 첫 사망자였다. 팬데믹이 시작되면서 뉴욕주와 뉴저지주에 환자가 쏟아지던 가운데, 그는 의료진을 위한 마스크와 고글 등 개인보호장비(personal protective equipment·PPE)가 부족해서 걱정이라고 친구에게 문자 메시지를 보냈다. "한 번도 사용하지 않은 보호장비가 없음. 마스크, 고글, 얼굴 가리개도."

어느 간호사는 뉴저지주의 대학병원 응급실에서 근무하다가 코로나19 초기에 동료 11명이 숨지는 모습을 지켜봤다. 피해자는 흑인 또는 라틴계가 대부분이었다. "코로나19가 말 그대로 우리 직원들을 대량 학살했다." 간호사 말은 감염병과 싸우는 최일선의 열악한 상황을 상징적으로 보여준다.

두 매체는 이때부터 의사, 간호사, 의료 및 요양시설 근로자의 피해사례를 모았다. 취재팀 100명 이상을 투입해서 공문서를 입수하고, 공공기관과 민간기관이 가진 자료를 대조하고, 언론에 실린 부고 기사와 SNS 게시물을 수집했다. 보건의료인 가족은 피해 사연을 취재팀에게 처음으로 이야기했다.

코로나19 초기부터 보호장비가 부족하니까 의사와 간호사들이 대책을 촉구했다. KFF헬스뉴스의 2020년 6월 30일 보도를 보면 뉴욕시 브롱스에서 보건의료인이 시위하는 사진이 나온다. '여러분 생명을 살리려는데 우리 생명이 위험합니다. 보호장비가 지금 필요합니다(We risk our lives to save yours #PPE now).' 장비 불만은 보건당국에 4100건 이상 접수됐다. 어느 간호사는 쓰레기봉투로 의료용 가운을 만들 정도라고, 그래서 남편이 봉투를 모으러 나갈 예정이라고 딸에게 문자로 전했다. 미국간호사협회가 2020년 7월 실시한 조사에 따르면 간호사 2만 1000명 중에서 32%가 백신을 맞지 못했다.

연방정부와 주 정부가 눈을 돌리지 못한 내용을 두 매체가 취재해서 3600건 이상의 사망 사례를 확인했다. 가디언US의 2020년 8월 30일 보도를 보자. 제목은 '젊은이의 사망: 20대 보건의료인들이 코로나19로 죽었다(Dying young: The healthcare workers in their 20s killed by Covid-19)'였다. 일반인 중에서 코로나19 사망자는 고령층에 많았는데, 보건의료인에서는 20대 피해가 심각했다고 지적했다.

기사에 따르면 안젤라 파두라(Angela Padula · 27)와 데니스 브래트(Dennis Bradt · 29)는 2020년 2월 8일 약혼했다. 파두라는 장애 학생을 가르치는 특수교사였고, 브래트는 뉴욕 글렌빌(Glenville)에 있는 민간 마약중독치료시설 근무자였다. 둘은 결혼을 위해 몇 년간 더 일하며 저축하기로 했다. 결혼반지는

4월에 미리 샀다. 이들은 장을 보러 가는 등 외출 때마다 마스크를 썼다. 또 면역력이 약한 부모가 코로나19에 걸리지 않도록 직접 만나지 않았다.

브래트는 4월 5일부터 열이 났다. 첫 검사에서 음성 판정이 나왔다. 숨을 쉬기 힘들어 검사를 다시 받았더니 양성 판정이 나왔다. 증상이 심해져 4월 16일부터 산소호흡기를 착용했지만 폐기능이 떨어졌다. 보건당국에 따르면 브래트가 일했던 곳에서 직원 12명과 환자 6명이 양성 판정을 받았다. 파두라도 증상이 나타나서 구급차로 응급실에 실려 갔다. 치료받고 자가격리에 들어가는 바람에 브래트를 면회하지 못했다. 그 사이에 브래트 상태가 더 나빠졌다. 파두라가 연락받고 병원에 갔을 때, 브래트는 숨진 상태였다. 파두라와 브래트 어머니는 마지막 인사조차 하지 못했다. KFF헬스뉴스와 가디언US는 보건의료인 피해를 종합해서 2021년 3월에 보도했다. 주요 내용은 이렇다.

① 피해자 절반 이상이 60세 미만＝전체 인구에서 코로나19 사망자의 평균연령은 78세다. 하지만 취재팀 데이터베이스에서는 사망자 평균연령이 59세다. 숨진 대부분이 60세 미만이었다. 이보다 더 젊은 수백 명이 의료 최일선에서 일하다가 숨졌다.

② 숨진 보건의료인 다수는 유색 인종＝미국 인구에서 60% 정도가 비 히스패닉계 백인이고 13%가 흑인이지만 보건의료인 사망자 중에서 이들의 비율이 낮았다.

③ 상당수 사망 사례는 개인보호장치 부족과 연관이 있음＝취

재팀은 개인보호장치가 충분하지 않다고 사망자 다수가 걱정했음을 알게 됐다. 이런 사실은 피해자 가족, 친구, 동료 인터뷰 및 피해자가 죽기 전에 보낸 문자 또는 온라인 메시지로 확인했다.

④ 숨진 보건의료인의 3분의 1 이상은 미국 밖에서 태어났음 = 필리핀 출신이 사망자에서 이례적으로 많았다.

⑤ 간호사와 행정직원이 사망자 대부분을 차지 = 사망자 3명 중에서 1명 정도가 간호사였지만, 전체적으로는 의사, 약사, 환자를 처음 대하는 인력과 기술자도 포함된다.

⑥ 피해자 700명 이상이 뉴욕과 뉴저지 근무 = 2개 주가 팬데믹 초기에 가장 심한 피해를 봤다.

⑦ 사망자 상당수는 팬데믹 초기에 발생 = 동부에서 초기 피해자가 급증하는 동안에 약 800명이 2020년 3~5월에 숨졌다.

⑧ 피해자 다수는 병원 근무자가 아님 = 사망자 중에서 병원 근무자는 25% 정도였다. 나머지 대다수는 요양시설, 외래 병동, 호스피스 병동과 감옥에서 근무했다.

취재 결과를 종합하면 의사와 간호사는 물론 의료 및 요양시설에서 근무하는 행정직원과 청소부까지 다양한 직종이 코로나19로 목숨을 잃었다. 이 중에서도 젊은 직원, 유색 인종, 환경미화원 등 저임금 근로자의 비중이 높았다. 환자 접촉 시간이 많은 집단이었다. 미국의 여러 연구를 종합하면, 이전에도 흑인은 백인보다 제대로 진료받지 못했다. 코로나19 상황에서 환자는 물론 보건의료인 역시 흑인 피해가 더 컸다. 필리핀, 하이티, 나이

지리아, 멕시코 출신 역시 비슷했다. 인종과 나이와 소득계층을 기준으로 보면 코로나19로 생긴 피해에서도 불평등이 심했다는 뜻이다.

두 매체는 개별 보건의료기관과 보건당국이 파악한 실태 자료를 입수하고 지역신문 보도와 SNS 게시물을 검색했다. 그리고 사망자 통계에 포함되지 않은 사례를 알려달라고 온라인에 전용 코너를 개설했다. 인터랙티브 데이터베이스의 초기 화면에서는 언제 기준으로 사망자가 몇 명인지, 그리고 직업과 인종과 주별로는 어느 정도인지를 비교한다. 얼굴 사진을 누르면 피해자의 생전 모습, 그리고 숨을 거두기 직전에 있었던 일이 나온다. 연방정부와 주 정부가 파악하지 못한 내용이다. 국민 생활과 관련한 통계를 정부와 공공기관이 아니라 언론이 먼저 만들어 문제를 제기하고 개선방안을 만들도록 촉구했다.

KFF헬스뉴스는 2009년에 생겼다. 국민 건강을 위해 카이저 패밀리재단(Kaiser Family Foundation · KFF)이 정책 분석, 여론 조사, 건강 정보 캠페인과 함께 후원하는 네 가지 프로그램의 하나다. 건강 문제(health issues)를 다룬다고 홈페이지에 나오는데 취재 대상은 병원, 의사, 간호사, 보험회사, 정부, 소비자를 망라한다.

윤리규정은 KFF헬스뉴스가 보도의 공공성과 정확성을 위해 어떻게 노력하는지를 담았다. 예를 들어 낙태, 총기 규제, 보건의료를 다루는 의회 움직임은 논쟁적이고 대립적인 사안이다. 이해관계가 복잡하고 당사자가 많다. 하지만 기자가 외형적 균형을 위해서 당사자 발언을 따옴표로 급하게 처리하지 말고, 모든 시각을 이해한 뒤에 지적이고 정교하게 다뤄야 한다고 명시했다. 모든 보도는 실명이 원칙이고 익명은 예외라고 했다. 또 '가장 큰' '최악의' '대부분' 같은 형용사는 기자가 확실한 근거를 가질 때만 사용토록 했다(KFF Health News, 2023).

홈페이지에는 광고를 게재하지 않는다. 다른 공익재단을 비롯한 외부 후원금은 취재 보도의 독립성을 침해하지 않는다는 조건에서만 받는다면서 외부 후원을 받은 기사마다 출처를 명시했다. 정파성과 상업성에서 벗어나 국민 건강에 필요한 사안을 취재해서 공익 목적으로 제공하기 위해서다. KFF헬스뉴스는 자사가 취재한 내용을 다른 매체와 개인이 무료로 이용하도록 허용한다. 기사, 그래픽, 동영상, 사진은 출처를 밝히고 홈페이지에 링크를 연결한다는 조건에서다. 실제로 워싱턴포스트와 USA투데이 같은 매체가 KFF헬스뉴스 보도를 전재한다.

또 KFF헬스뉴스는 건강과 관련한 전국 사안을 취합, 요약해서 매일 홈페이지에 올리고 뉴스레터로 보낸다. 다른 언론사와 협업 역시 활발하다. 예를 들어 캘리포니아에서는 캘리포니아건강재단(California Health Care Foundation)과 웹사이트를 같이 운영하고 뉴스레터를 공동으로 발행한다. 또 공영방송 NPR(National Public Radio) 그리고 각 주의 공영 라디오와 제휴 관계를 맺었다. KFF헬스뉴스와 NPR이 공동으로 기획하고 취재한 내용 역시 다른 언론사가 활용하게 했다.

KFF헬스뉴스에는 전국자문위원회(National Advisory Committee)가 있다. 홈페이지에 위원 10명 이름이 나온다. 레오나드 다우니(Leonard Downie, Jr.) 위원장은 워싱턴포스트 주필을 지냈고, 지금은 애리조나주립대학교의 크롱카이트저널리즘스쿨에서 교수로 근무한다. 미국언론연구소(American Press Institute) 소장을 지낸 톰 로젠스틸(Tom Rosenstiel)도 자문위원이다. 그와 함께 〈저널리즘의 기본 원칙(The Elements of Journalism)〉을 저술한 빌 코바치(Bill Kovach)는 명예 자문위원이다.

KFF의 드루 앨트만(Drew Altman) 이사장은 2009년 KFF헬스뉴스를 출범시키면서 초대 발행인을 맡았다. 그는 당시, 탐사보도 또는 케이블 텔레비전 화면을 장식할 속보를 추구하지 않으며, 보도하고 정보를 제공하고 해설하는 일이 목표라고 겸손하게 밝혔다(Altman, 2009). 하지만 취재인력과 재원을 계속 늘리고, 공익성과 전문성을 추구한 결과는 다수의 언론상 수상으로 이어졌다. 2021년에는 23개 상을 받았다. 가디언US와 공동으로 보도한 〈최일선의 희생자〉는 4개 상을 받았다.

가디언US는 영국 일간지 가디언을 발행하는 가디언뉴스앤미디어(Gurdian News & Media · GNM)가 2011년 미국에 설립한 온라인 매체다. 미국의 뉴욕, 워싱턴, 뉴올리언스, 오클랜드, 캘리포니아 등 5개 주에 지사를 두고 있다.

지팡이와 경찰견

4장

〈개요〉

제목＝흉기가 된 경찰견으로 상처가 생겼다(Mauled: When police dogs are weapons)

매체＝마셜프로젝트(Marshall Project) AL닷컴(AL.com) 인디스타(IndyStar) 인비저블인스티튜트(Invisible Institute)

기자＝애비 반 시클(Abbie Van Sickle) 외

보도＝2020년 10월 2일

수상＝퓰리처상 2021년 전국보도(National Reporting) 부문

현대국가에서 국가가 폭력을 유일하게 합법적으로 행사한다. 군대와 경찰을 통해서다. 전시와 계엄을 제외하면 군대가 나설 일이 없으니, 국민이 일상생활에서 가장 먼저 그리고 자주 접하는 공권력이 경찰이다. 일제강점기와 해방 후의 독재정권 시절, 한국인은 경찰에게 공포를 느끼며 지냈다. 한국 현대사의 물줄

기가 바뀌는 과정 역시 경찰이 관련돼 있다. 1960년에는 고교생 김주열 군의 눈에 경찰 최루탄이 박힌 채로 시신이 발견되어 4·19 민주화운동이 시작됐다. 1987년에는 대학생 박종철 씨가 경찰 대공분실에 영장 없이 강제로 끌려갔다가 물고문으로 숨진 사실이 밝혀지면서 6월 항쟁이 시작됐다.

미국에서도 마찬가지다. 경찰이 정당한 공무집행으로 보기 힘들 정도로 용의자를 거칠게 다루고 무기와 장비를 자의적으로 사용하면 시민이 거세게 항의하는 일이 자주 생긴다. 1991년 3월에는 흑인 청년 로드니 킹을 과속 혐의로 체포하다가 백인 경찰관 4명이 집단 폭행을 했는데 형사재판에서 무죄를 선고받자 캘리포니아주 로스앤젤레스(LA) 폭동이 시작됐다. 2023년 1월에는 테네시주 멤피스에서 흑인 청년이 경찰에게 폭행당하는 영상이 공개되어 전국에서 시위가 이어졌다. 이런 역사적, 그리고 일상적 경험이 있기에 어느 나라에서든 언론이 국민을 대신해서 경찰을 감시한다.

마셜프로젝트는 경찰이 시민에게 위협이 되는 현실을 고발한다. 구체적으로는 경찰이 활용하는 개, 경찰견에 주목했다. 원래 인간에게 개는 가장 가까운 동물이다. 인류 역사에서 공생 관계가 오래되어 최근에는 반려견이라는 말까지 나왔다. 군대와 경찰은 작전과 수사, 마약과 폭발물 탐지, 용의자 체포 등 다양한 목적으로 개를 활용한다. 미국에서는 경찰이 기념일 행진이나 트위터 게시물을 통해 친근한 경찰견 모습을 시민에게 보여준다. 하

지만 경찰이 잘못 다루면서 경찰견이 시민에게 피해를 주는 사례
가 생기자 마셜프로젝트가 취재에 나섰다. 홈페이지 기사 앞부분
에서는 경찰견 문제가 얼마나 심각한지를 명쾌하게 요약했다.

> 경찰견은 무기다. 시민을 물고, 불구로 만든다. 우연히 근처를 지
> 나던 시민, 경찰관, 가벼운 범죄를 저지른 용의자를 공격한다. 혹시
> 운이 나빠서 경찰견에게 물린다면, 여기에 책임지는 누군가를 운이
> 좋게 만나기를 바란다. (Marshall Project, 2020a)[1]

경찰견 보도로 마셜프로젝트는 퓰리처상의 전국보도 부문을
2021년에 수상했다. 퓰리처상 홈페이지의 수상작 목록에는 7건
이 있다. 마셜프로젝트 홈페이지에는 공동 기획 기사가 13건으
로 나온다. 또 퓰리처상 심사위원회는 마셜프로젝트가 앨라배마
주 버밍햄의 AL닷컴, 인디애나주 인디애나폴리스의 인디스타,
일리노이주 시카고의 인비저블 인스티튜트 등 3개 매체와 공동
수상했다고 발표했는데, 마셜프로젝트에는 유에스에이투데이네
트워크(USA Today Network)가 같이 참여했다고 나온다.

---

1) Police dogs are weapons. They bite and maim. They attack bystanders, police
officers, and people suspected of petty crimes. And if you are unfortunate enough
to get bitten by a police dog, good luck holding anyone accountable.

경찰견 기획

날 짜	제 목
2020년 10월 2일	경찰견이 물어 경찰 폭력이 생겼다(When police violence is a dog bite)
2020년 10월 2일	전국적 보도에서 나온 주요 내용 6가지(6 takeaways from our national investigation)
2020년 10월 8일	어느 도시에서 누군가가 5일마다 경찰견에게 물렸다(The city where someone was bitten by a police dog every 5 days)
2020년 10월 10일	인디애나폴리스 경찰견 보도의 주요 내용 5가지(5 takeaways from our investigation of Indianapolis police dogs)
2020년 10월 10일	앨라배마주의 추악한 비밀: 경찰견이 공격한다(Alabama's ugly secret: police dog attacks)
2020년 10월 14일	그녀는 산책하러 나왔다. 그때, 경찰견 드로고가 달려들었다(She went out for a walk. Then Drogo the police dog charged)
2020년 10월 21일	경찰견이 흑인을 물기를 경찰은 원한다(Police wanted "a dog that would bite a black person")
2020년 10월 21일	취재팀이 전국에서 경찰견을 추적한다(We're tracking police dog bites across the country)
2020년 10월 21일	경찰은 고통스러울 정도로 경찰견이 물게 해서 시민을 복종하게 만든다(Police use painful dog bites to make people obey)
2020년 10월 21일	유명 경찰견의 명과 암(The rise and fall of a celebrity police dog)
2020년 10월 28일	어느 도시에서 경찰견을 풀어 10대 흑인을 물게 했다(The city where police unleash dogs on black teens)
2020년 10월 28일	경찰견을 무기로 활용하는 실태를 추적했다. 당신이 어떻게 할 수 있는지는 다음과 같다(We investigated how police use dogs as weapons. Here's how you can do it too)
2020년 10월 28일	경찰견은 흑인을 적대시하도록 훈련받았다(A dog can be trained to be anti-Black)

보도에는 5개 매체에서 21명이 참여했다. 기획을 이끈 시클을 포함해 취재기자가 12명이고 나머지는 사진과 동영상과 그래픽, 그리고 웹디자인을 담당했다. 이들 매체는 1년 동안 취재한 결과를 크게 6가지로 요약했다. 마셜프로젝트 홈페이지에서 밝힌 내용을 중심으로 정리해보자(Marshall Project, 2020b).

① 시민들이 미국 전역에서 경찰견에게 물렸는데 몇몇 도시에서 특히 심했다. 경찰견 투입과 피해실태를 전국적으로 모은 자료가 없는 상태에서 취재팀은 전국 50개 경찰국 자료를 수집했다. 2017~2019년 사례를 확인했더니 시카고에서는 용의자 체포에 경찰견을 거의 사용하지 않아 피해가 1건에 그쳤다. 같은 기간에 워싱턴D.C.는 5건, 시애틀은 23건, 뉴욕시는 25건이었다. 인디애나폴리스는 220건, 로스앤젤레스는 200건 이상이었고, 플로리다주 잭슨빌의 보안관서는 160건이었다.

② 경찰견에게 물린 시민은 상처가 심해져 건강이 나빠지거나 숨졌다. 경찰견은 금속성 물체를 뚫을 정도로 강하게 물도록 훈련받는다. 의학 논문에 따르면 상어 이빨보다 단단하다고 한다. 이런 경찰견에게 물리면 근육이 찢어지고, 위험할 정도로 감염이 생긴다. 캘리포니아주에서는 여성 두피가 벗겨졌고, 콜로라도주에서는 남성 성대가 손상됐고, 애리조나주에서는 남성 얼굴이 대부분 찢겼다. 2018년 앨라배마주에서는 51세 남성이 경찰견에게 물려 피를 흘리다가 숨졌다.

③ 시민은 폭력을 행사하지 않거나 경범죄 혐의를 받는 상태에

서 물리는 경우가 많았다. 교통법규 위반, 절도, 주거침입 등이다. 일부 시민은 범죄와 전혀 관련이 없었다.

④ 피해자 대부분은 남성이었고, 이 중에서 흑인이 인구 비율을 넘을 정도로 아주 많았다. 미주리주 퍼르구손 경찰국, 캘리포니아주 로스앤젤레스 보안관서를 조사했더니 백인이 아닌 피해자가 훨씬 많았다.

⑤ 일부 경찰관이 제대로 통제하지 못해서 경찰견이 심한 상처를 피해자에게 남겼다. 예를 들어 원래는 경찰관이 육성으로 지시하면 용의자를 바로 놓아야 하지만 현장에서는 그렇지 않은 사례가 확인됐다. 경찰견 전문가에 따르면 몇 초 정도만 물어야 하는데도, 경찰관이 제대로 다루지 못해서 몇 분 동안이나 무는 사례를 취재팀이 다수 확인했다. 어떤 경우에는 경찰관에게 끌려가면서도 경찰견이 놔주지 않아 시민의 살점이 찢겼다.

⑥ 시민이 경찰견에게 잘못 물려도 경찰관이 책임을 지거나 보상하는 경우가 적었다. 경찰견으로 인한 소송에서 피해자가 이기기가 쉽지 않았다. 경찰관은 면책 조항을 적용받기 때문이다. 연방정부가 만든 민권법은 경찰 실수로 경찰견에게 물린 피해자에게 적용되지 않는다. 또 형량을 협상 중이거나 체포에 저항하다가 경찰견에게 물린 시민이 소송을 제기하기가 쉽지 않았다.

첫 보도(2020년 10월 2일)에 따르면 앨라배마주에서 51세 흑인 남성이 경찰견에게 사타구니를 물렸다. 자정이 지난 시간에 누군가 빈집에 침입한다는 신고가 들어오자 경찰이 출동하면서였다. 경찰견이 남성을 계속 무는 바람에 경찰관이 떼어 놓는 데 2분이 걸렸다. 동맥이 끊겨 남성은 피를 흘리다가 숨졌다. 그는 어머니 이웃집의 수리를 돕던 중이었고, 거기서 자도 좋다는 승낙을 받았다. 2018년 7월 8일에 일어난 일이다. 피해자 가족은 경찰의 바디캠 영상을 공개하라고 법원에 요구했다. 몽고메리시는 경찰관이 곤혹스러워하거나, 난처해할지 모른다며 거부했다. 또 언론의 취재 요청에 응하지 않았다.

취재팀은 경찰견을 훈련하거나 활용하는 경찰관, 경찰견에게 물린 피해자를 1년 가까이 취재했다. 피해자와 경찰관과 전문가를 인터뷰하고, 현장에 투입된 경찰견이 시민을 무는 장면을 보여주는 경찰의 바디캠과 시민의 휴대폰 영상을 구해서 분석했다. 이런 과정을 통해 미사일(Missile), 폭풍(Storm), 람보(Rambo) 등 여러 이름으로 불리는 경찰견에 대한 지식을 쌓았다.

공동 기획을 통해서 취재팀은 경찰견 훈련과 활용에 대해 통일된 규정이 없음을 확인했다. 또 전국에서 150개 이상의 심각한 사례를 수집했는데, 피해자 대부분은 가벼운 법규를 위반하다가 다쳤음을 밝혔다. 어느 여성은 산책 중에 물렸다. 앨라배마주의 탈라데가(Talladega)에서는 경찰견 1마리가 1년에 최소 9명 이상을 병원에 실려 가게 했다. 취재팀은 이런 사례를 구체적으로 보여주는 문건이나 영상을 홈페이지에 올렸다. 기사를 쓰면서 경찰견 피해를 다룬 의학 논문을 인용할 때는 독자가 홈페이지에서 해당 단어를 누르면 원문과 연결되도록 했다.

취재팀은 피해가 가장 심각한 도시 20곳을 공개했다. 그중에서 최악으로 나온 인디애나주의 인디애나폴리스 경찰국은 보도가 나간 직후에 경찰견 활용을 제한하겠다고 발표했다. 주(州) 차원에서는 워싱턴주가 가장 처음으로 경찰견 투입을 제한하기로 했다. 루이지애나주도 경찰견 운용 정책을 바꿨다.

미국 언론이 경찰을 상시적이고 지속적으로 감시하는 모습은 여러 언론상에서 확인된다. 뉴욕타임스는 경찰의 교통 단속 문제를 다뤄 퓰리처상의 전국보도 부문을 2022년에 수상했다. 교통법규 위반 정도가 가벼운데도 경찰이 총을 쏘고 스프레이를 뿌리는 등 단속이 자의적이고 거칠어서 운전자가 숨지는데, 경찰이 징계나 처벌받는 사례는 매우 적다고 밝혔다.

취재팀은 오하이오주, 오클라호마주, 버지니아주 같은 남부와 중서부 지역을 집중취재했다. 일부 지역에서는 법규 위반 차량을 단속하면서 부과한 벌금이 일반회계에서 89%를 차지했고, 고지서를 많이 발부하면 규정에 없는 현금을 경찰에게 지급했다. 조지아주의 올리버는 주민이 380명 정도인 소도시. 예산 절반 이상을 벌금으로 충당했는데, 경찰이 관할 구역 밖에서 4만 달러 이상의 고지서를 발부했다.

어느 도시에서는 벌금 수입이 줄면 예산에 나쁜 영향을 미쳐 경찰을 포함한 공무원 봉급 인상이 어려울지 모른다고 시장이 경찰서장에게 메일로 얘기했다. 다른 도시에서는 시장이 너무 밀어

붙이자 경찰서장이 사표를 냈다. 인종차별은 여기서도 예외가 아니었다. 오하이오주의 경우에 백인이 훨씬 많은 도시에서도 흑인이 주요 단속 대상이었다.

경찰견 문제를 다룬 마셜프로젝트는 비당파적, 비영리 언론이다. 미국의 형사 및 사법제도를 탐사보도하는데 주력한다. 시위나 캠페인 같은 활동은 하지 않고, 보도를 통해 사회 변화를 추구한다. 경찰, 검찰, 법원이 제대로 기능하는지, 그리고 수사와 재판 과정에서 억울한 피해자가 없는지, 언론이 약자와 소수자를 무시하거나 외면하지 않는지를 지켜본다. 또 다른 언론이 사법제도를 공정하고 책임성 있게 취재하는데 자신들이 모범사례가 되도록 노력한다. 경찰견 보도처럼 전국 또는 지역 매체와 협업도 활발하다.

성과가 적지 않다. 교도소의 코로나19 감염 상황을 추적하는 데이터는 최신 상황을 매주 반영해서 수정하기에 정책 담당자가 자주 활용하고 언론이 보도에 인용한다. 또 법무부가 죄수를 호송하는 민간기업 실태를 조사하기 시작했고, 교도소 직원이 저지르는 폭력을 파헤치자 뉴욕의 악명 높은 아티카 교도소(Attica Prison)에 감시 카메라 수천 대가 설치됐다.

마셜프로젝트는 1년 동안 보도했던 내용을 스스로 평가해서 우수작을 홈페이지에 올린다. 경찰견 보도가 2020년 목록의 맨 위에 있다(Marshall Project, 2020c). 경찰견 보도로 마셜 프로젝트는 퓰리처상을 두 번 받게 됐다.

단체 이름은 더굿 마셜(Thurgood Marshall)에서 나왔다. 미국 연방대법원 최초의 흑인 판사였다. 린든 B. 존슨 대통령이 1965년 7월 법무부 차관으로 임명했고, 1967년 6월 연방대법관으로 지명했다. 확고한 자유주의자로서 연방정부와 주 정부가 소수집단을 공정하게 대우해야 한다는 견해를 유지했다. 변호사 시절에는 '브라운 대 토피카 교육위원회 사건'(1954)에서 공립학교의 인종분리정책이 위헌이라며 연방대법원에 소송을 제기해서 승소 판결을 이끌었다. 그가 연방대법원에 제기해서 변호를 맡았던 소송 32건 가운데 29건을 이겼다. 마셜의 정신을 기리는 단체이기에 기자를 포함한 직원 채용과 이사진 구성에서 다양성을 중시하며, 자신들이 다루는 이슈에 대해 다양한 경험과 시각을 반영하도록 노력한다고 홈페이지에서 밝혔다.

딸과 소신 사이[1)

〈개요〉

제목=고교 때 2주 인턴 조국딸, 의학논문 제1저자 등재

매체=동아일보

기자=황성호 신동진 이호재 김동혁 장관석

보도=2019년 8월 20일

수상=한국기자상 2019년(제51회) 취재보도 부문,

관훈언론상 2019년(제37회) 권력감시 부문

동아일보 황성호 기자는 조국 서울대학교 교수(법학전문대학원)에게 궁금한 점이 있었다. 조 교수가 〈진보집권플랜〉이라는 책을 2010년 11월에 출간했을 때, 경향신문과 인터뷰하면서 나온 내용이다. 부제(오연호가 묻고 조국이 답하다)가 말하듯, 조 교수와 오연호 오마이뉴스 대표기자가 2010년 2월 초부터 9월 초까지 나눈 대담집이다. 진보가 집권하려면 어떻게 하고, 다시 집권하면 어떤 정책을 펼쳐야 하는지를 정리했다. 경향신문 인터

---

1) 저자가 한국언론진흥재단의 〈신문과 방송〉에 썼던 글을 일부 활용했다. (송상근, 2023)

뷰는 1개 지면 전체를 차지한다. 조 교수를 만났던 이종탁 사회
에디터(현재 신한대학교 교수)는 보조 기사에서 이렇게 썼다.

　　자신에게 쏟아지는 '강남좌파'라는 비판에 대해서도 굳이 거부하
지 않는다. 진보를 외치지만 기득권층임을 부인할 수 없다는 것이
다. 말과 행동 사이에서 갈등을 느낄 때도 많다. 겉(말)과 속(행동)
이 다 빨간(일치하는) '토마토'가 되면 좋겠지만 겉만 빨갛고, 속은
하얀 사과일 때가 많다고 솔직히 고백한다. 그의 딸은 외고를 거쳐
대학 이공계에 진학했는데, "나의 진보적 가치와 아이의 행복이 충
돌할 때 결국 아이를 위해 양보하게 되더라"고 자신의 한계를 인정
했다. 그렇게 언행일치의 토마토가 되지 못한다고 해도 각성과 추
구. 그 자체만으로 의미있다고 그는 본다. 이쯤 되면 인간적인 중도
좌파라고 해야 하지 않을까. (이종탁, 2010)

　　이종탁 교수는 "인터뷰 주제(책자 발간)와 거리가 있는 사적
인 이야기였다. 그래도 흥미로운 대목이어서 와이드 인터뷰 기사
에 붙은 소품인 작은 상자기사로 넣었다"면서 자녀 문제를 솔직
하게 말하는 모습이 인간적으로 느껴졌다고 말했다(백승연 오주
비, 2020). 진보적 가치와 아이의 행복이 충돌할 때 결국 아이
를 위해 진보적 가치를 양보했다? 이 말을 했던 조 교수, 인터뷰
했던 이 교수를 포함해 모두가 그냥 넘긴 대목에 황성호 기자가
주목했다. 문재인 대통령이 조국 민정수석비서관을 법무부 장관
에 내정했다는 얘기가 2019년 6월부터 흘러나오자 오래전 묵혔
던 궁금증 하나가 꿈틀댔다. 도대체 아이의 행복을 위해 소신을

양보하게 했던 실체는 무엇일까? 호기심이 취재의 시작이었다 (황성호 외, 2019).

　기자에게 필요한 자질은 여러 가지다. 성실성, 인내심, 집요함, 친화력, 문장력, 체력…. 저자는 호기심이 가장 기본이라고 생각한다. 세상일에 대한, 공동체 관심사에 대한, 담당하는 분야에 대한 호기심이 취재 보도에서 기본이고 출발점이라는 얘기다. 호기심이 없으면 질문이 생기지 않고, 질문이 없으면 해답을 찾으려는 자세가 생기지 않으니까 사실을 모으고 확인하고 전하는 일이 불가능하다.

　여기에 하나를 더 보탠다면 상상력과 순발력이다. 사실을 확인하는 과정이 쉽지 않고 시간이 오래 걸린다. 취재원이 입을 열지 않고, 자료가 부족하고, 마감이 다가온다. 어려움을 돌파해야 한다. 취재 방법을 달리하거나, 취재원을 더 찾거나, 설득해야 한다. 황성호 기자는 호기심을 어떻게 풀었을까? 단서를 어디서 찾고, 구체적 사실을 누구에게 또 어떻게 확인했을까? 한국기자협회 기자상 공적설명서를 읽어보자.

　첫 번째 단서는 조 후보자 딸 조모 씨가 직접 한 인터넷 유료 사이트(해피캠퍼스)에 올린 자기소개서였습니다. 취재 초반 조 씨의 이름과 출신 학교(한영외고, 고려대) 등 제한된 단서로 구글 검색을 하다가 조 씨의 것으로 추정되는 의학전문대학원 자기소개서 등이 검색됐습니다. 취재팀은 동일 ID가 판매한 각각 500~5만 원인 자기소개서 및 이력서 6통을 8만 4500원을 결제하고 구입했습니다.

'해피캠퍼스'는 대학생이 만든 자료를 유료로 사고파는 사이트다. 리포트, 논문, 자기소개서, 이력서, 시험자료, 발표문, 서식 등 유형이 다양하다. 다운로드 가격은 자료를 올리는 학생이 정하는데 보통 1000원 정도라고 한다. 황성호 기자는 조국 교수의 딸(조민)이 평소 사용하는 아이디, 그리고 대학과 대학원 진학 이력을 토대로 조 씨 것으로 추정할 만한 자기소개서를 구했다.

자기소개서를 읽다가 황성호 기자는 이런 문장에 주목했다. "단국대 의료원 의과학연구소 소속 인턴쉽의 성과로 논문에 이름을 올렸다." 호기심이 다시 발동했다. 문과 계열의 특목고 학생이 인턴 활동을 통해 저자로 등재된 의학 논문 내용은 도대체 뭘까? 논문을 찾으려고 도서관과 검색 사이트에 이름을 넣으며 찾기 시작했다. 결국 의학 논문 사이트에서 학교와 이름 등 단서가 될만한 검색어를 여러 번 입력해서 조 후보자 딸과 같은 이름이 1저자로 나오는 단국대 의학 논문을 찾았다. 여기에 1주일 정도 걸렸다고 한다.

다음은 논문 분석이었다. 한글이 아니라 영어로 작성했고, 논문 저자가 동명이인일 가능성을 배제하기 힘들었다. 그래서 학술지 검색 사이트에서 조 씨와 동일 이름을 가진 인물을 모아서 목록을 만들고, 이들이 단국대학교 의과학연구소에서 같은 기간에 인턴을 했을 가능성을 점검했다. 또 고등학생이 이런 논문을 쓸 수 있는지도 알아보려고 전문가에게 자문했다.

논문은 2008년 12월 대한병리학회에 제출됐다. 제목은 '출산

전후 허혈성 저산소뇌병증(HIE)에서 혈관내피 산화질소 합성효소 유전자의 다형성'이었다. A4용지 6쪽이었다. 전문가 도움을 얻어 연구 목적과 실험방법, 결과를 분석했다. 취재팀이 만난 관계자들은 한결같이 "불가능한 일은 아니지만, 고교 교과과정으로는 이해하기 어려운 병리학 개념으로 1저자 등재는 무리"라고 대답했다.

논문 가장 앞에 나오는 이름, 즉 1저자는 논문이나 연구에 가장 기여도가 큰 사람으로 정한다. 학계에서는 상식이지만 기자는 처음 아는 내용이었다고 한다. 취재팀은 논문 교신저자로 나온 단국대 의대의 교수 2명을 찾아갔다. 누군가에게 제보받거나, 자녀 문제가 있다고 처음부터 단정하고 취재를 시작하지 않았다. 논문을 처음 찾고, 검증을 마치기까지 50일 가까이 노력한 결과는 동아일보 2019년 8월 20일 A1면에 나왔다.

조국 법무부 장관 후보자(54)의 딸 조모 씨(28)가 고교 재학 중이던 2008년 대한병리학회에 영어 논문을 제출하고 이듬해 이 논문의 제1저자로 등재된 사실이 19일 확인됐다.

당시 한영외고 유학반에 재학 중이던 조 씨는 충남 천안시의 단국대 의대 의과학연구소에서 2주가량 인턴을 했으며 이때 연구소의 실험에 참여했다. (중략)

2005~2006년 미국 학교를 다니다가 귀국한 뒤 2007년 한영외고에 입학한 조 씨는 학회지 논문 등재 1년 만인 2010년 3월 수시 전형에 합격해 대학에 입학했다. 조 씨는 대학 입학 과정에서 자기

소개서에 제1저자로 논문에 등재된 사실을 밝힌 것으로 알려졌다. 전문가들은 "실험 디자인과 결과 해석을 고등학생 신분이던 조 씨가 했다고 보기엔 무리가 있다"고 지적하고 있다.

논문의 책임저자인 A 교수는 본보 기자와 만나 "제가 많이 도와줬다. 논문 제출 당시 조 씨가 조 후보자의 딸인지는 몰랐다"고 했다. 공동저자로 등재된 B 교수는 "진짜 충격이다. 그 학생(조 씨)이 1저자로 올라갔느냐"고 말했다.

조 후보자 측은 인사청문회 준비단을 통해 "딸이 다닌 고교 차원에서 A 교수와 연락해 만들어진 인턴 프로그램"이라며 "딸의 논문 등재 과정을 알지 못했다"고 밝혔다.

고등학교 1학년이 여름방학에 2주간 인턴 활동을 했다. SCIE급 논문 1저자로 등재됐다. 이런 사실이 고려대학교 입시 과정에 활용됐다! 조국 법무부 장관 후보자의 인사 검증이 전환점을 맞았다. 동아일보 보도가 나가자 KBS MBC SBS 등 지상파 3사가 저녁 메인뉴스에서 첫 아이템으로 보도했다. 조선일보 중앙일보 한겨레신문 경향신문 등 조간신문 8곳과 석간신문 1곳이 다음날(8월 21일) 비슷한 내용을 1면에 게재했다.

조국 후보자 보도

신 문	제 목
경향신문	단국대 "조국 딸 논문 조사…확인 미진, 사과"
국민일보	조국 딸 1저자 등재후 인턴십 한번도 없었다
서울신문	교육부 전수조사때 '조국 딸 논문' 누락…공주대서도 공저자 의혹
세계일보	조국 딸 논문 '부당한 저자 표시' 판정 가능성
조선일보	법무부·高大 "조국 딸 논문, 대입 미반영" 거짓말

중앙일보	모든 입시 필기 없이 합격…조국 딸 '금수저 전형'
한겨레신문	'조국 딸 논문' 논란 확산…단국대 "조사 착수"
한국일보	딸 장학금 이어 논문 1저자…태풍 된 '조국 역풍'
문화일보	"조국 딸 '논문 1저자 등재'는 중대한 부정행위"

동아일보 보도를 시작으로 조국 후보자 딸의 대학입시 문제가 사회적 관심을 끌자 문재인 대통령은 "대입 전반에 관한 재검토를 하라"고 9월 1일 지시했다. 당정청 역시 대입 제도 전반을 재검토하기 시작했다. 논문을 게재한 대한병리학회는 기여도가 높지 않은 조 씨를 제1저자로 표기한 것이 연구부정행위라며 '논문 취소' 결정을 보도 보름 만인 9월 5일 결정했다. 논문 문제가 불거진 뒤에는 조국 후보자 임명에 대한 찬성과 반대 여론이 뒤집혔고, 공정(公正)이 시대 담론으로 떠올랐다.

황 기자는 "특히 이 보도는 조 후보자 검증 과정에서 빈발했던 국회의원실 자료나 세간의 의혹 제기와는 전혀 무관하게 오로지 취재팀의 호기심과 문제의식, 끈질긴 취재가 일궈낸 결과입니다. 인사 검증을 넘어 사회의 공정한 기회가 무엇인지 생각하게 하는 계기가 됐다고 자부합니다"라고 공적설명서에서 밝혔다.

취재팀은 한국기자협회가 주관하는 제348회 '이달의 기자상'을 신청했다. 저자는 당시 심사위원이었다. 23년 이상 몸담았던 곳이라 동아일보 작품이 심사 대상이 되면 말을 먼저 하지 않았다. 그런데 동아일보와 성향이 다른 언론사 논설위원이 먼저 칭찬했고, 많은 심사위원이 공감했다. 다른 신문사의 9년 전 기사에 주목하는 꼼꼼함, 해피캠퍼스에 눈을 돌린 상상력, 논문을 찾아내는 끈질김, 복수 취재원에게 확인하는 신중함. 심사 결과는 만장일치에 가까웠다. 조국 후보자 보도는 이달의 기자상에 이어, 한국기자상과 관훈언론상을 받았다.

새 정부 출범과 개각이 다가오면 국회와 언론이 공직자 검증에 상당한 역량을 쏟아붓는다. 국회는 인사청문회법(2000년 6월 23일 시행)에 따라 인사청문특별위원회를 구성해서 대통령 당선인으로부터 국무총리 후보자로 인사청문이 요청된 자, 또는 대통령·대통령 당선인 또는 대법원장으로부터 국회에 인사청문이 요청된 자를 대상으로 청문회를 연다. 대통령실과 법무부 인사정보관리단은 공직 후보자 등에 관한 정보의 수집 및 관리에 관한 규정(2005년 9월 30일 시행)에 따라 공직 후보자에 대한 정보를 수집하고 관리한다.

국회와 정부는 윤리와 능력을 중심으로 공직 후보자를 검증하고 평가한다. 언론 역시 국회와 정부에서 나오는 관련 정보를 입수하거나 자체적으로 확보한 자료를 중심으로 공직 후보자의 과거와 현재와 미래를 따진다.

공직자 검증이 법적 근거를 갖추고, 언론이 적극 보도하는 관행은 동아일보 특종에서 비롯됐다. 김영삼 대통령 취임(1993년 2월 25일)을 전후해서 동아일보가 △ 전병민 수석 장인은 고하 암살범(2월 20일) △ 박희태 법무 딸 편입 입학(3월 2일) △ 김상철 서울시장 무단 형질변경(3월 3일)을 잇따라 보도하면서

이들 3명의 내정과 임명이 취소됐다. 취재팀은 그해 한국기자
상(제25회) 취재보도 부문을 수상했다(전국언론노동조합연맹,
1994, 194-205쪽).

동아일보 보도를 계기로 국회와 언론이 공직자 검증에 본격적
으로 나서기 시작했고 2005년부터는 국회와 정부 업무를 뒷받
침할 법적 근거가 생겼다. 김영삼 정부 시절의 조각(組閣) 검증,
그리고 문재인 정부 시절의 조국 법무부 장관 후보자 검증은 성
실한 취재와 탄탄한 보도를 통해 문제를 제기하고, 법과 제도와
관행의 변화를 이끌었다. 취재 대상이 정치인이지만 정치부가 아
니라 사회부, 특히 사건팀과 법조팀의 젊은 기자들이 발로 뛰어
서 만든 역작이라는 점이 공통적이다. 동아일보만이 아니라 한국
언론의 대표 업적이 되기에 충분하다고 저자는 생각한다.

폭격의 그늘[1)]

제목＝국방부 비밀 문건이 위험한 공중폭격의 실패 과정을 드러내다
(Hidden Pentagon records reveal patterns of
failure in deadly airstrikes)

매체＝뉴욕타임스(New York Times)

기자＝아즈매트 칸(Azmat Khan) 외

보도＝2021년 12월 19일

수상＝퓰리처상 2022년 국제보도(International Reporting) 부문

미군이 이슬람국가(ISIS) 거점이라고 판단한 세 곳을 폭격했다. 2016년 6월 19일 새벽 3시경이었다. 보고에 따르면 전투원 85명이 죽었다. 사실은 달랐다. 화염에 휩싸인 곳은 전선에서 멀리 떨어진 농가였고 민간인 120여 명이 숨졌다. 사과와 보상과 문책은 없었다.

이 사례를 포함한 미군의 오폭(誤爆) 보도를 뉴욕타임스는

---

1) 저자가 한국언론진흥재단의 〈신문과 방송〉에 썼던 글 2개를 일부 활용했다.(송상근, 2022
& 2023)

2022년 퓰리처상 공공보도 부문에 응모했다. 퓰리처상 선정위원회가 심사 과정에서 국제보도 부문으로 옮기고 수상작으로 결정했다. 공공보도 부문은 워싱턴포스트가 받았다. 2021년 1월 6일 발생한 연방의회 의사당 난입 사건을 재조명했다. 두 보도가 탁월했기에 위원회가 뉴욕타임스 기사를 국제보도로 옮기는 식으로 손을 모두 들어준 셈이다. 위원회는 오폭 보도가 "미국 주도의 공중폭격으로 생긴 막대한 민간인 피해를 용기 있고 집요한 보도로 폭로함으로써 이라크, 시리아, 아프가니스탄에서의 군사 개입에 관한 미국의 공식 발표에 의문을 제기했다"라고 평가했다(Pulitzer Prizes, 2022)[2].

미국은 버락 오바마 대통령의 두 번째 임기 후반부터 중동 지역에서 폭격을 강화했다. 이라크, 시리아, 아프가니스탄의 미군 전사자가 6000명을 넘을 정도로 인명 피해가 컸기 때문이다. 이런 기조는 도널드 트럼프 대통령 시절까지 이어졌다. 폭격은 5년 동안, 5만 회 이상이었다. ISIS가 위축되고 아프가니스탄 정부가 조금 더 버티는데 영향을 미쳤다.

뉴욕타임스는 부수적 피해(collateral damage)에 주목했다. 미국 국방부의 군사용어 사전은 부수적 피해를 "작전 당시 상황에서 정당한 군사 목표가 아닌 사람이나 사물에 의도하지 않게 또는 우발적으로 상해나 손해를 유발하는 부수적 효과(A form of collateral effect that causes unintentional or incidental injury or damage to persons or objects

---

2) For courageous and relentless reporting that exposed the vast civilian toll of U.S.-led airstrikes, challenging official accounts of American military engagements in Iraq, Syria and Afghanistan.

that would not be lawful military targets in the circumstances ruling at the time)"라고 규정한다 (Department of Defense & Joint Chiefs of Staff, 2021, p.3).

공중폭격은 전쟁 목표를 달성하기 위한 주요 수단이다. 국제법이 금지하지만 제1차 및 제2차 세계대전과 6.25 전쟁 등 주요 전쟁에서 민간인 피해가 끊이지 않았다. 기술 한계, 기상 여건, 판단 착오가 원인이다. 오바마 대통령이 "역사상 가장 정밀한 공중폭격 작전(the most precise air campaign in history)"이라고 표현했지만, 취재팀은 민간인이 얼마나, 어떻게 희생됐는지를 파악하기로 했다.

폭격 자료부터 모았다. 군이 공식 발표했거나, 국내외 언론 또는 시민단체가 거론했거나, SNS에 올라온 내용을 근거로 했다. 또 정보공개법(Freedom of Information Act)을 활용해 자료를 청구했고, 국방부와 중부사령부가 거부하면 소송을 제기했다. 뉴욕타임스는 민간인 오폭으로 추정되는 2866건 중에서 1311건을 확보했다. 분량은 5400쪽 이상이었다. 대부분은 2014~2018년의 이라크와 시리아 사례다. 취재팀은 아프가니스탄 자료를 구하려고 다른 소송을 제기했다.

군 당국이 숨긴 오폭 및 민간인 피해 실상을 드러냈다는 사실만으로도 보도 가치가 높다. 그러나 취재팀은 통계 제시에 그치지 않았다. 현장 100곳 정도를 찾아가서 주민을 만났다. 증언과 목격담을 들으면서 사진, 동영상, 음성파일, 사망 진단서, 병원 진료일지를 입수했다. 미군 보고서가 사실인지를 확인하기 위해서였다. 마지막으로 군 당국에 답변을 요청했다. 뉴욕타임스는 미군 보고서를 포함해 자료 원문을 홈페이지의 기사 중간중간에 배치했다. 그러면서 정보가 정확하지 않고, 목표물을 잘못 선정하고, 장비가 부실해서 어린이를 포함해 민간인 피해가 늘었다고 지적했다.

뉴욕타임스 수상작[3]

날 짜	제 목
2021년 12월 18일	국방부 비밀 문건이 위험한 공중폭격의 실패 과정을 드러내다 (Hidden Pentagon records reveal patterns of failure in deadly airstrikes)
2021년 12월 19일 (지면 2022년 1월 2일)	미국 공중폭격으로 인한 민간인 피해(The human toll of America's air wars)
2021년 12월 18일	민간인 피해 자료(The civilian casualty files)
2021년 9월 10일	미군 드론 공격이 어떻게 사람을 잘못 죽였는가(How a U.S. drone strike killed the wrong person)
2021년 9월 28일	미군은 폭격 지점이 ISIS 안가라고 말했다. 취재팀은 아프가니스탄 민가임을 확인했다(The U.S. military said it was an ISIS safe house. We found an Afghan family home)
2021년 11월 13일 (지면 11월 14일)	미국은 공중폭격이 시리아 민간인 수십 명을 죽인 사실을 어떻게 숨겼나(How the U.S. hid an airstrike that killed dozens of civilians in Syria)
2021년 12월 12일 (지면 12월 12일)	비밀 작전팀이 ISIS를 강타하면서 민간인 사망자가 늘었다 (Civilian deaths mounted as secret unit pounded ISIS)
2021년 12월 31일 (지면 2022년 1월 3일)	국방부가 민간인 희생자 주장을 부인하는 과정에서 기본적 결함이 있음을 문건이 드러내다(Documents reveal basic flaws in Pentagon dismissals of civilian casualty claims)

---

3) 순서는 퓰리처상 홈페이지를 기준으로 정리했다. 날짜는 뉴욕타임스 홈페이지와 하루씩 차이 난다. 예를 들어 표에서 첫 기사 게재일이 퓰리처상 홈페이지에는 2021년 12월 17일로, 뉴욕 타임스 홈페이지에는 12월 18일로 나온다. 뉴욕타임스 홈페이지를 기준으로 온라인 게재일을 정리하고, 기사 끝에 지면 게재일이 나오면 괄호 안에 병기했다.

수상 목록에는 기사 8개가 나온다. 첫 번째 기사, '국방부 비밀 문건이 위험한 공중 폭격의 실패 과정을 드러내다'에는 국방부 반론이 나온다. 기사 전체에 대해서 일괄적인 답변을 듣는 정도가 아니라, 사례 하나하나를 구체적으로 묻고, 답변 역시 구체적으로 요구했다고 한다. 미국 중부사령부 대변인은 기술이 아무리 좋아도 실수가 발생한다, 그런 피해가 생기지 않도록 많이 노력한다, 무고한 희생자 한 명 한 명에게 애도를 표한다고 대답했다. 질문과 답변 원문을 뉴욕타임스는 홈페이지 기사 중간중간에 파일 형태로 올려 독자가 원문을 확인하도록 했다(New York Times, 2021).

민간인 피해는 미국이 중동에서 수행하는 전쟁의 법적 그리고 도덕적 정당성을 훼손한다. 또 ISIS를 비롯한 반미 국가와 반미 단체의 증오심을 부르고 선전에 활용되어 극단주의자가 계속 나오게 한다. 이런 문제에도 불구하고 전쟁 방식이 잘못되어 민간인의 부수적 피해가 일상적(regular) 수준이 됐다고 뉴욕타임스 기사는 지적한다.

취재팀은 이런 일이 발생하는 이유를 파악하기 위해서 군 당국이 인정했듯이 그들이 하지 않은 일을 했다(The Times did what military officials admit they have not done). 군 당국이 하지 않은 일은 무엇인가? 군 당국의 피해 평가 보고서(casualty assessments)를 입수하고 분석해서 정보 수집과 해석부터 폭격 작전 결정과 수행까지 모든 과정에 공통적인 문제를 정리했다. 이를 위해 현장 100곳 이상을 찾았고, 생존자와 유족을 만났고, 전·현직 군 관계자의 이야기를 들었다.

피해 전모를 언론이 완벽하게 파악하기는 불가능하다. 국방부에 따르면 2018년 이후에 이라크, 시리아, 아프가니스탄에서 민간인 1417명이 오폭으로 숨졌다. 실제 피해는 최소한 국방부 발표보다는 많다고 취재팀은 밝혔다. 현장을 취재했더니(on-the-ground reporting) 국방부 문건에 포함되지 않은 사망자 수백명이 있었다고 했다.

두 번째 기사(미국 공중폭격으로 인한 민간인 피해)는 취재 과정을 자세하게 담았다. 온라인에는 2021년 12월 19일 올렸는데, 같은 제목으로 뉴욕타임스 일요판(2022년 1월 2일 30면)에 게재했다. 본문은 8개 파트로 나뉜다(Khan, 2021).

오폭 보도 두번째 기사

파 트	제 목
1	식별된 민간인 없음(No civilian presence)
2	삶의 패턴(Pattern of life)
3	탁월한 기술(Extraordinary technology)
4	우리는 희생자였다(We were the sacrifice)
5	폭격 이후 분석(Post-strike analysis)
6	우리가 속한 신(To god we belong)
7	미확인 물체(An unknown heavy object)
8	왜 그들을 죽였나요?(Why did you kill them?)

오폭 문제를 본격적으로 파헤친 계기를 세 번째 파트(탁월한 기술)를 중심으로 보자. 기사에 따르면 미국 국방부는 이라크와 시리아를 폭격해서 ISIS 전투원 2만 5000명을 죽였다고 2016년 4월 발표했다. 민간인 피해는 21명이라고 했다. 버락 오바마 대통령은 "탁월한 기술 덕분에 역사상 가장 정밀한 폭격 작전을 수행하는 중이다(With our extraordinary technology, we're conducting the most precise air campaign in history)"라고 발표했다.

아즈매트 칸은 미국이 지원해 아프가니스탄에 설립한 학교 취재를 막 끝낸 상황이었다. 공직자 말이 현장 상황과 종종 다르다는 사실을 알았기에(I knew that there was often a divergence between what officials say and the reality on the ground) 민간인 피해가 국방부 발표처럼 적은지 알아보기로 했다.

칸은 이라크 카이야라(Qaiyara)를 2016년 8월에 갔다. 이라크 제3의 도시인 모술(Mosul)에서 남쪽으로 72㎞ 떨어진 곳. 민간인 피해가 1명도 없었다고 발표한 지역이다. 주민은 민간인 6명이 죽었다고 이야기했다. 딸 셋(5살, 14살, 18살)을 포함해서 말이다. 칸은 폭격당한 9곳을 더 갔다. 모두 민간인 주거지였다. 폭탄이 비처럼 쏟아졌다고 주민들은 증언했다. 이 중 5곳에서 민간인이 최소한 29명 죽었다. 칸은 기사에 이렇게 썼다. "단 한 번의 취재로 연합군 공중폭격이 매우 잘못됐다는 점이 분명했다(It was clear from just one reporting trip that there was something very wrong with the coalition's air war)."

칸은 검색과 통계에 밝은 아난드 고팔(Anand Gopal)과 함께 카이야라 폭격을 현장에서 체계적으로 취재하기 위한 계획을 세웠다.[4] 몇 개월 동안 확인했더니 새로운 사실이 나왔다. 그래서 대상을 슈라(Shura)와 모술(Mosul) 동쪽의 아덴(Aden)으로 넓혔다. 폭격 지점을 먼저 확인하고 현장에 가서 주민을 만났다. 그러면서 사망자 이름과 사진을 모으고, 위성 사진을 분석하고 SNS를 검색했다.

취재 대상은 폭격 지점 103곳으로 늘었다. 그리고 폭격 5회에 1회 정도로 민간인 피해가 있었음을 확인했다. 미국을 포함한 연합군 발표의 31배 수준이었다. 이렇게 되자 "정신이 번쩍 들었다(what we found was sobering)"라고 칸은 표현했다. 민간인 피해가 나온 폭격 지점의 절반 이상은 근처에 ISIS와 관련된 목표물로 식별될만한 곳이 아니었다.

취재할수록 분명해졌다. 민간인 피해가 당국 발표보다 훨씬 많았고, 대부분은 ISIS와 관련이 없었으며, 폭격이 부정확한 정보의 결과였다는 사실이다. 뭔가 잘못됐다는 예감이 정확했다(My hunch that something had gone very wrong had been correct). 칸은 취재 결과를 2017년 11월 뉴욕타임스 일요판(온라인 11월 16일)에 '집계되지 않은 피해(The uncounted)'

---

4) 고팔은 지금 애리조나주립대학교의 조교수(assistant research professor)로 근무한다. 전에는 아프가니스탄, 이집트, 시리아 등 세계의 전쟁 또는 분쟁지역을 프리랜서 기자로 취재했고, 월스트리트저널과 크리스천사이언스모니터의 아프가니스탄 특파원을 지냈다.

라는 제목으로 보도했고, 이 내용 역시 2021년 기사에 넣었다.

네 번째 파트(우리는 희생자였다)도 추적 과정을 구체적으로 소개한다. 자료를 요청하면 당국이 공개 여부를 검토하고 결정하는 과정에 시간이 걸린다. 그 사이에 칸은 모술 서쪽인 올드시티(Old City)에 갔다. 집을 하나하나 방문하고, 주민과 이야기하고, 폭격 지점을 기록하기 위해서였다. 2018년 초였다.

집을 하나하나 방문하는 일, 즉 문 두드리기(door-knocking)는 고전적인 취재 방법이다. 기자가 반드시 현장에 가야 한다는 상징적 표현이기도 하다. 칸은 실제로 문 두드리기를 시도했다. 문제는 두드릴 문이 없었다는 점이다. 폭격으로 인해 마을이 말 그대로 잿더미가 됐다(Old City, there were hardly any doors left to knock on. Much of the area had been reduced to rubble).

취재의 엄격함은 여섯 번째 파트(우리가 속한 신)로 이어진다. 칸은 주민에게 세부 내용을 먼저 얘기하지 않았다. 여러 자료를 읽었으니 폭격이 언제, 몇 회 있었고, 민간인 피해는 어느 정도인지 칸은 알았다. 하지만 먼저, 자세하게 말하면서 대답을 유도하지 않았다. 찾아간다는 사실조차 미리 알리지 않았다. 이렇게 해야 조금 더 믿을만한 증언을 들을 수 있다고 생각했다(Meeting people unplanned at the site would give me the most reliable testimony).

칸은 이야기할 마음이 있는지, 또 대화를 기사에 인용해도 좋은지를 주민에게 물었다. 그러면서 자기 목적은 주민의 말과 얼굴과 목소리가 세상에 나오게 하는 일이라고 설명했다(I would explain my objectives and told them specifically where their words, faces or voices might appear). 기자가 솔직하고 진지하게 나오니 상당수 주민이 협조했다. 일부 주민이 신의 뜻이라 지난 일을 잊고 싶다고 하면, 칸은 중단했다. 일부는 미국의 보상 계획에 대해 질문했고, 일부는 언론 인터뷰가 무슨 의미가 있는지를 궁금해했다. 칸은 자신이 기자이지, 구호단체 직원이나 NGO 대표가 아니라고 인터뷰 전에 언제나, 그리고 분명하게 말했다(Before interviews, I was always extremely clear that I was only a journalist, not an aid worker or a representative of an NGO).

오폭 취재 과정을 보면 제한된 여건에서 진실의 조각을 하나씩 찾는 과정이 경이롭다. 사회과학 논문 못지않게 방법이 정교하다. 퓰리처상 선정위원회가 인정한, 용기 있고 집요한 보도(courageous and relentless reporting)의 여파는 상당했다. 칸의 홈페이지에 따르면 정부와 의회와 시민사회가 움직이기 시작했다. 국방부 장관은 작전 중에 민간인을 보호하기 위한 노력을 강화하라고 군에 지시했다. 상원 법사위원회(Senate Judiciary Committee)는 드론 공격을 다룰 청문회를 열었다. 국제법, 정치학, 민권 분야의 학자들 역시 연구 주제로 다루기 시작했다(Khan, 2023).

칸은 탐사보도 전문가다. 2014년 버즈피드뉴스를 시작으로 알자지라 미국 지사, 공영방송 PBS에서 기자와 프로듀서로 근무했다. 국제 문제, 특히 중동 취재에 집중했다. 2015년에는 아프가니스탄에서 미국이 지원하는 프로그램 성과가 과장됐다는 보도로, 2018년에는 미군 폭격 5회 중 1회가 오폭이라는 보도로 다수 언론상을 받았다. 퓰리처상 홈페이지에는 언론상 수상 경력이 나온다(Pulitzer Prizes, 2022)[5].

그는 오폭 문제를 다룬 퓰리처상 수상작을 보완해서 미국의 공중폭격 작전을 논픽션으로 출간할 계획이다. 컬럼비아대학교 저널리즘스쿨에서 방문연구원으로 갈등 보도를 가르치다가 2021년부터 조교수이자 글로벌저널리즘센터(Simon and June Li Center for Global Journalism)의 초대 소장으로 임명됐다.

---

5) The National Magazine Award for Reporting; the Polk Award for Military Reporting; the Overseas Press Club's Ed Cunningham Award for Magazine Reporting and the Roy Rowan Award for Investigative Reporting; the Hillman Prize for Magazine Journalism; the Deadline Club Award for Independent Digital Reporting; the Deadline Club Award for Magazine Investigative Reporting; the SAJA Daniel Pearl Award for Outstanding Reporting on South Asia; a Livingston Award finalist in International Reporting; and shared the Online News Association award for "General Excellence in Online Journalism" (small); the Gannett Foundation Award for Innovative Investigative Journalism; and an Emmy nomination in New Approaches to Documentary Film.

죽음 뒤의 이별

7장

〈개요〉

제목＝죽음이 우리를 갈라놓을 때까지(Till death do us part)

매체＝포스트앤쿠리어(Post and Courier)

기자＝도우 파듀(Doug Pardue) 글렌 스미스(Glenn Smith)
제니퍼 베리 하위스(Jennifer Berry Hawes) 나탈리
카우라 하우프(Natalie Caula Hauff)

보도＝2014년 8월 20일

수상＝퓰리처상 2015년 공공보도(Public Service) 부문

미국에는 여러 주(州)를 묶는 명칭이 있다. 러스트 벨트(Rust Belt)는 중서부와 북동부의 쇠락한 공업지대를 가리킨다. 한때는 공업지대의 대명사였지만 제조업이 경쟁력을 잃으면서 지역 경제가 쇠퇴했다. 펜실베이니아, 웨스트버지니아, 오하이오, 인디애나, 일리노이가 대표적이다. 선 벨트(Sun Belt)는 북위 36도 아래의 지역으로 남동부의 버지니아와 플로리다, 남서부의 네바다와 캘리포니아 남부를 일컫는다.

바이블 벨트(Bible Belt)는 기독교 근본주의 또는 신복음주의를 중심으로 개신교 영향이 큰 지역이다. 중남부와 동남부를 중심으로 동성애를 반대하는 등 보수성향이 매우 강하다. 사우스캐롤라이나주가 여기에 속한다. 포스트앤쿠리어는 이 지역의 남성 위주, 보수적 문화로 인해 여성이 가정폭력 희생자가 되는 현실을 고발했다. 특집 제목은 '죽음이 우리를 갈라놓을 때까지.' 퓰리처상의 공공보도 부문을 2015년에 수상했다.

포스트앤쿠리어는 2013년 가을부터 8개월간 취재했다. 남성에게 살해된 여성 비율이 사우스캐롤라이나주에서 가장 높다고 워싱턴D.C의 경찰폭력센터(Violence Police Center)가 발표한 뒤였다. 기자 4명이 경찰 수사 보고서, 법원 판결문, 가해자 전과(前科) 기록을 종합해서 가정폭력을 누가, 언제, 어떻게 저질렀고 수사 및 재판 결과는 어떻게 됐는지를 분석했다. 기소율과 형량 협상 사례까지 수집했다.

캘리포니아주에 있는 탐사보도센터(Center for Investigative Reporting)의 책임자가 자문했다. 또 데이터저널리즘(Data Journalism)이라는 단체가 데이터베이스 교육을 도왔다. 탐사보도센터는 자료 조사와 그래픽 작업에 필요한 비용을 지원하고 포스트앤쿠리어가 지역 방송국인 WCIV-TV 그리고 사우스캐롤라이나대학교(University of South Carolina)와 컨소시엄을 구성해서 더 많은 독자와 시청자가 보도를 접하도록 도움을 줬다.

사우스캐롤라이나주에서 가정폭력 뿌리는 깊었다. 오랜 기간에 형성된 문화의 결과였다. 지역 분위기가 이러니 보도가 허술하면 독자가 의문을 제기하고 불만을 품고 항의할지 모른다. 신문사가 투명성을 최대한 높인 이유다. 온라인에서는 모든 사례와 통계가 나온 연구서, 수사 보고서 등 출처를 링크로 연결했다. 또 기자의 취재 방법과 과정을 독자가 직접 확인하도록 데이터베이스로 만들었다. 법원 기록 등 다른 공문서도 마찬가지였다. 이런 과정을 거쳤기에 포스트앤쿠리어의 미치 퓨(Mitch Pugh) 편집인은 "보도 정확성이나 공정성에 대해 단 한 건의 항의도 받지 않았다(We did not receive a single complaint about the accuracy or fairness of our report)"라고 수상 신청서에서 밝혔다(Pugh, 2015).

기사는 가정폭력으로 사우스캐롤라이나주에서 10년간 300명 이상이 숨졌다고 분석했다. 총에 맞고, 칼에 찔리고, 목이 졸리고, 주먹에 맞고, 곤봉에 맞고, 불에 타고⋯. 바이블 벨트의 남성 위주 문화, 피해 여성의 체념, 그리고 경찰과 법원과 의회가 손 놓은 현실이 만든 결과다. 신문에는 5부작으로 게재했고, 홈페이지에는 7부작으로 구성했다.

포스트앤쿠리어 수상작

날 짜	제 목
2014년 8월 20일	죽음이 우리를 갈라놓을 때까지(Till death do us part)
2014년 8월 21일	내가 너무 좌절했어요. 순진했고요(I was so frustrated. I was naive) 가정폭력 피해자의 얼굴-목격자와 생존자 이야기(Faces of domestic violence-Stories of witnesses and survivors)
2014년 8월 22일	영광과 분노(Honor and rage) 설교단에서의 침묵?(Silence from the pulpit?) 공포만 기억날 뿐이에요(I just remember the fear) 가정폭력 피해자의 얼굴-목격자와 생존자 이야기(Faces of domestic violence-Stories of witnesses and survivors)
2014년 8월 23일	기회를 더 놓치면 안 된다(No more missed opportunities) 가해자가 왜 처벌을 피하는가(Why abusers often escape punishment) 관용은 없다: 가정폭력은 분노에 그칠 문제가 아니라 범죄다(Zero tolerance: It's not an anger issue-it's a crime) 가정폭력 피해자의 얼굴-목격자와 생존자 이야기(Faces of domestic violence-Stories of witnesses and survivors)
2014년 8월 24일	더는 곤란하다-주(州)가 할 수 있는 13가지 방법(Enough is enough-13 ways the state can take a stand)

첫 보도(2014년 8월 20일)를 보자. 주제목(죽음이 우리를 갈라놓을 때까지) 아래의 부제목은 '사우스캐롤라이나가 바로 지난해 남성에 의해 숨진 여성의 비율 면에서 미국 평균의 2배를 넘어 1위'라고 전한다. 사진 53장이 눈길을 끈다. 여성 55명의 얼굴을 편집해서 담았다. 사진 가운데에 "이들 여성은 사우스캐롤라이나에서 가정폭력으로 숨진, 깜짝 놀랄 정도의 피해자 중에

서 극히 일부를 보여준다"라는 설명을 붙였다.

가정폭력 실태를 보여주는 조사에서 사우스캐롤라이나주는 보도 전의 17년 동안, 최악 1위를 세 번 기록했다. 순위가 10위 권 밖으로 나간 적이 한 번도 없었다. 취재팀은 이유를 여러 측면에서 분석했다. 바이블 벨트라고 불리는 남성 위주의 보수적 분위기가 먼저 꼽힌다. 그리고 오랜 세월이 지나면서 형성된 문화에 익숙해져서 여성이 체념하는 현실이 한 편에 자리를 잡고 있다. 법과 제도는 이런 문화를 더욱 부추긴다. 가정폭력은 부부 사이의 일이라며 경찰은 수사에, 검찰은 기소에 소극적이다.

법원은 관대하게 판결한다. 남성이 아내 또는 여자친구를 폭행해도 최장 30일 정도 구금되는 정도에 그친다. 비슷한 범죄에 미시시피, 오하이오, 테네시 같은 주는 징역 6개월을, 조지아와 앨라배마 같은 주는 1년을 선고한다. 사우스캐롤라이나주에서는 반려견을 학대하면 교도소에서 5년을 복역해야 한다. 여성 지위가 얼마나 열악한지를 알려준다.

취재팀은 지역별 차이를 설명했다. 찰스턴(Charleston) 같은 대도시에서는 경찰과 특별법원이 가정폭력을 처리하면서 신경을 많이 쓰는 편이다. 중소 도시는 사정이 다르다. 경찰은 수사 인력이 부족해서 가해자 추적에 어려움을 겪는다. 또 검찰이 살인범을 기소해도 판사 숫자가 많지 않아서 판결이 나오기까지 시간이 오래 걸린다. 이런 상황에서 검찰은 형량 협상으로 사건을 빨리 종결하려고 한다. 취재에 따르면 2005년 이후 기소된 가정폭력 사건의 절반 가까이가 정식재판보다 상대적으로 가벼운 수준의 형량 협상으로 처리됐다. 가정폭력 가해자에게 적용하는 보석 기준이 느슨한 점도 문제다. 매릴랜드주와 코네티컷주는 피해자에게 가장 심각한 위협을 주는지를 중심으로 보석을 결정한다. 사우스캐롤라이나주에는 관련 기준이 없다.

총기 문화 역시 가정폭력과 긴밀한 연관성이 있다. 10년 사이에 가정폭력으로 숨진 여성의 70%가 총에 맞았다. 하지만 주 의회는 폭력범의 총기 소유를 제한하는 법안을 처리하지 않았다. 미국에서 상당수 주가 폭력범의 총기 소유를 규제하는 현실과 대조적이다. 많은 주가 가정폭력을 연구해서 피해율을 검토하는 팀을 운용한다. 가정폭력으로 발생한 살인사건의 패턴과 교훈을 분석해야 예방에 도움이 되기 때문이다. 사우스캐롤라이나주는 이런 조직이 없는 9개 주에 속한다고 취재팀은 지적했다.

문제를 고치자며 여성단체를 중심으로 법 개정을 요구했다. 하지만 남성 위주의 주 의회는 크게 신경을 쓰지 않았다. 사우스앤쿠리어의 두 번째 기사(8월 21일)는 가정폭력 및 총기 규제와 관련한 법안이 상임위 또는 본회의에서 처리되지 못했다는 내용을 그래픽에 담았다. 2013년 12월 3일부터 2014년 6월 9일까지 시간 순서로 정리했다. 그 사이에 어느 여성이 누구에게 어떻게 가정폭력으로 숨졌는지를 다른 그래픽에 담았다.

사례 하나를 보자. 주 상원은 바비큐를 사우스캐롤라이나주의 공식 피크닉 음식으로 지정하는 법안을 2014년 3월 19일 통과

시켰다. 법은 6월 2일 발효됐다. 주 하원 소위원회는 가정폭력 초범의 벌금을 올리는 법안을 다루려고 2014년 3월 27일 청문회를 열었다가 바로 휴회했다. 그 사이에 30대 여성이 전 남자친구의 총에 맞아 숨졌고, 70대 여성이 남편의 총에 맞아 숨졌고, 50대 여성이 남편의 총에 맞아 숨졌고, 다른 50대 여성이 남자친구의 칼에 찔려 숨졌다. 그래픽 2개를 천천히 보면 한숨이 절로 나온다.

어떤 문제가 있다고 가정하자. 피해가 계속되면 고쳐야 한다. 하지만 문제가 있다는 사실을 당사자 또는 제3자가 인식조차 하지 못하면 여론이 형성되지 않는다. 따라서 개선을 기대하기 힘들다. 언론이 역할을 제대로 하면 사정이 달라진다. 사실을 보도하는 순간부터 사회 구성원이 사안을 공유한다. 많은 구성원이 사안을 공유하면 여론이 형성되면서 문제 해결의 실마리가 풀린다. 미치 퓨 편집인은 풀리처상 신청서에서 이렇게 밝혔다.

취재를 시작할 때부터 우리는 가정폭력이 특정 그룹이나 경제적 계층에 국한된 문제가 아님을 보여주려고 했다. 우리는 피해자를 드러내는 한편 가정폭력이 사회문제임을, 즉 모든 계층과 세대를 뛰어넘는다는 사실을 보여주는 기사가 되도록 신경 썼다.

또한 우리는 사안에 대한 이해가 없으면 변화를 위한 토대 역시 없음을 알았다. 그래서 피해자가 가해자와 같이 지내는 이유 그리고 자신을 사랑하는 이에게 폭행범이 잔인한 짓을 저지르는 이유에 대한 잘못된 인식에 반대하려고 했다. 우리는 세대, 문화, 경제, 심리 등 많은 요인을 설명하려고 노력했다. 이런 요인이 학대를 부추기고, 많은 여성이 파괴적인 관계에서 벗어나려고 할 때 마주하는 장애물이었으니까. (Pugh, 2015)[1]

사안에 대한 이해를 포스트앤쿠리어가 도왔기에 변화를 위한 토대가 마련됐다. 주 의회가 가정폭력 처벌을 강화하고, 가정폭력에 사용되는 총기 규제를 강화하는 법안을 마련하기로 했다. 공화당 출신의 주 지사인 니키 헤일리(Nikki Haley)는 가정폭력범의 총기 규제를 지지하겠다고 밝히면서 폭력적 문화를 근절할 태스크포스를 주 정부 차원에서 만들겠다고 선언했다. 검찰 역시 가정폭력 가해자를 적극적으로 기소하기로 했다. 신문은 이런 움직임을 40건 이상의 보도에 담으며 계속해서 여론을 형성했다.

포스트앤쿠리어는 미국 남부에서 가장 오래된 일간신문이다. 2023년에 창간 220주년을 맞았다. 찰스턴쿠리어(Charleston Courier)라는 이름으로 1803년 1월 10일 처음 발행됐고, 그 후에 이브닝포스트(Evening Post), 찰스턴데일리뉴스(Charleston Daily News) 뉴스앤쿠리어(News and Courier)로 이름이 바뀌었다. 평일 8만 5000부, 주말판 9만 2000부를 발행한다. 퓰리처상 수상은 1925년(사설 부문) 이후 90년 만이라고 한다(Knapp, 2015).

---

1) From the beginning of our reporting, we worked to show domestic violence was not a problem isolated to a particular group or economic class. We took care to highlight victims and stories that demonstrated domestic abuse was a societal problem, cutting across all walks of life and generations.

We also realized there could be no foundation for change without understanding. So we worked to counter misconceptions about why victims stay with their abusers and why batterers brutalize the ones they love. We took pains to explain the many factors - generational, cultural, economic, psychological - that drive abuse, and the hurdles many women face in order to leave destructive relationships.

혼자, 조용히

〈개요〉

제목＝男, 혼자 죽는다— 무연고 사망자 83인의 기록

매체＝신동아

기자＝노동우 이수진 김형석 성유진 오소영 최하은

보도＝2013년 3월

수상＝신동아 논픽션 공모 2013년(제49회) 최우수상

    서울시가 고독사 위험이 있는 1인 가구 2만 4440 가구를 찾아서 복지 서비스를 제공하기로 했다고 2023년 7월 10일 밝혔다. 이에 앞서 서울시는 '사회적 고립 위험 1인가구 실태조사'를 2022년 10월부터 자치구와 함께 실시했다. KBS에서도 고독사를 막기 위한 공익 광고를 방영하는 중이다.

    고독사 단어가 저자 눈길을 끌었던 시기는 2013년이다. 서울시 발표보다 10년 전이다. 동아일보 자매지인 월간 신동아가 해마다 논픽션을 공모했는데, 제49회 최우수작이 고독사를 다뤘

다. 수상작이 두 가지 점에서 눈길을 끌었다.

첫째는 제목이었다. '男, 혼자 죽는다- 무연고 사망자 83인의 기록.' 남자가 혼자 죽는다는 표현이 호기심을 불렀다. 남자는 왜 혼자서 죽을까, 그리고 이런 비율이 남자와 여자 사이에 얼마나 차이가 있을까. 읽기 전에 궁금증이 생겼다. 두 번째는 수상자였다. 노동우 이수진 김형석 성유진 오소영 최하은. 대학생 6명이 공동으로 취재했다. 응모작 41편 중에서 8편이 예심을 통과했는데 심사위원 3명이 본심에서 최우수작으로 꼽는데 이견이 없었다고 한다(하응백 김인숙 전진우, 2013).

제49회 신동아 논픽션 당선작 발표심사위원들은 이 작품에 아무런 이의를 달지 않고 만장일치로 최우수작으로 정했다. 공동 창작이라는 점도 신선했거니와, 고령화 사회로 접어든 우리 사회의 문제점 중 하나를 현장에서 저돌적으로 취재한 패기를 높이 샀기 때문이다. 저돌성은 젊은 친구들의 특징이기도 한데, 바람직한 방향으로 분출된다면 우리 사회의 역동성에 일익을 담당할 수 있으리라. 그들을 격려하고 칭찬하는 것은, 우리 사회의 어두운 면에 대해 젊은이들이 문제의식을 가지고 들여다봤다는 행위 자체를 고무하기 위해서이기도 하다. (하응백 평론가)

'男, 혼자 죽는다-무연고 사망자 83인의 기록'은 독특한 작품이다. 우선 집단 취재로 이루어진 공동 창작이란 면이 흥미롭다. 취재의 기록에 충실하면서 취재의 목표에 부합하는 의미를 잃지 않았다. 무연고 사망자들이 존재할 수밖에 없는 요인을 사회적인 잣대로만 보지 않고 개인적인 이유로도 풀어냈다. 취재 과정 중 무연고 사망자의 성별의 차이를 찾아내고 그 원인을 분석해낸 것도 흥미로웠다. 기자 지망생들답게 사실의 기록과 분석에 충실했으나 그것의 정서적인 측면을 함께 아우른 것이 큰 장점으로 다가왔다. (김인숙 소설가)

노동우 외 5명이 열심히 발품을 팔아 기록한 '男, 혼자 죽는다-무연고 사망자 83인의 기록'에 격려와 박수를 보낸다. 국민소득 2만 달러 시대에 자살률 1위인 한국 사회의 그늘에 주목한 젊은이들의 건강한 문제의식은 그 자체로 우리 사회의 미래에 소중한 자산이 되지 않겠는가. 심사위원 모두가 최우수작으로 뽑은 이유다. (전진우 언론인·전 동아일보 대기자)

심사평을 읽고 호기심이 커져서 바로 읽었다. 수상작은 프롤로그, 1장~7장, 에필로그, 취재 후기의 순서였다. 프롤로그는 고독사를 공모 주제로 정한 배경, 즉 일화로 시작한다. 팀원 한 명이 술자리에서 우연히 꺼낸 얘기가 발단이었다. 단란했던 여섯 식구는 가장의 장례식에 오지 않을 정도로 멀어졌다. 사업을 하며 쌓아왔을 인맥이 모래알 같았다. 죽기 직전까지 누나에게조차 연락하지 않았다는 얘기를 듣고 무연고(無緣故) 사망자를 취재했다.

무연고 사망자는 시신을 아무도 찾아가지 않은 사람을 말한다. 구청 홈페이지에 명단이 한 달 동안 공개된다. 취재팀은 삭제되지 않고 남은 자료를 하나하나 모아서 2012년~2013년 5월까지의 무연고 사망자 83명을 추렸다. 이어서 번호를 매기고 나이, 직업, 가족, 주거 형태, 주소지, 기타 사항을 정리해 도표로 만들었다.

취재팀은 언론인 지망생이었다. 역량을 기준으로 하면 현직 기자는 프로, 언론인 지망생은 아마추어로 비유할 수 있다. 고독사 취재팀은 프로가 생각하지 않던 현실에 눈을 돌리고, 프로 못지 않게 인내와 끈기를 가지고, 프로가 알지 못한 세계를 보여줬다. 무연고 사망자를 전수 조사하지 않았지만, 정부와 지방자치단체와 언론의 관심이 적은 현실을 직접 발굴한 자료로 드러냈다. 무연고 사망자, 고독사라는 미지(未知)의 세계에 첫발을 디딘 셈이다.

저자는 당시 동아일보의 교육복지부장이었다. 교육과 복지를 담당했기에 수상작에 주목했다. 소수자에게 눈을 돌리는 문제의식, 구청별로 흩어진 자료를 인터넷에서 하나하나 모으는 노력이 인상적이라서 일독을 권하는 글을 사내 포털에 올렸다. "현장 취재를 하면서 문전박대 받지만 포기하지 않는 노력, 묘지를 찾아가 헌화하며 고인들에게 예의를 표하는 품성까지 현직 기자인 우리들이 배울 점이 여러 가지가 있다."

무연고 사망자 83명을 모으니 특징이 나타났다. 남자가 77명, 여자가 6명으로 차이가 컸다. 전수 조사가 아니고, 공식 통계는 아니지만 남자가 여자보다 고독사하는 경우가 많았다. 취재팀은 이유를 찾기 위해 50~70대를 중심으로, 그리고 직업과 결혼 여부가 겹치지 않도록 하는 방식으로 7명을 골라 이들의 삶, 특히 인생의 마지막 시기를 조명했다. 본문 1~7장은 이렇게 장마다 무연고 사망자 1인의 삶을 하나씩 보여준다. 무연고 사망자는 가족 친구와 멀어진 상태에서 인생 마지막을 혼자서, 쓸쓸히 보냈다. 따라서 삶의 마지막 부분을 찾는 과정이 쉽지는 않았다. 프롤로그에서 취재팀은 이렇게 말한다.

> 작은 실마리로 취재를 이어나갈 수밖에 없었다. 교회를 다녔다는 언급 하나로 시작된 취재도 많았다. 이금순 씨의 경우에는 성당에서 온 우편물만 보고 무작정 성당을 찾아갔고, 오민규 씨에 대해서는 "폐지 줍는 일을 했지"라는 말 한마디를 듣고 온 동네 폐지 수집상을 찾아 헤맸다. "택시 회사에서 일했어요." 최명식 씨처럼, 직장을 알게 된 건 꽤 고급 정보에 속했다. 마지막 주소지에서 별다른 정보를 얻지 못하면 공고문에 적힌 등록기준지에 가보기도 했다. 취재는 한 번에 끝나는 법이 없었다. (노동우 외, 2013, 445쪽)

저널리즘스쿨에서 기자 지망생을 지도하면 비슷한 질문을 받는다. "정치인이나 대기업 취재가 가능할까요?" "전문가에게 설명이나 답변을 요청하면 취재에 응할까요?" 그럴 때마다 저자는 이렇게 대답한다. "상대방이 누구든지 취재에 응하지 않을 거라고 예상해서 여러분이 찾아가지 않거나 전화하지 않거나 메일을 보내지 않으면 얘기를 들을 가능성은 전혀 없다. 하지만 시간을 내서 또는 용기를 내서 찾아가거나 전화하거나 메일을 보내면, 성사 가능성이 50%로 높아진다. 어느 쪽을 택할 건가." 고독사 취재팀 역시 마찬가지였다. 고민하다가 용기를 내서 무연고 사망자의 전 부인을 찾아갔더니 성과가 있었다고 한다.

　우리는 문앞에서 서서 한참을 고민했다. 김근수 씨는 부인에게도 그리 잘하는 사람이 아니었다. 조 목사를 비롯한 이웃들은 하나같이 그가 20년간 할머니에게 상처를 줬다고 했다. 전남편에 대해 물어보는 게 실례가 되지 않을까. 우리는 일단 부딪쳐보고 그녀가 거절하면 그냥 나오기로 했다.
　의외로 이문자 씨는 우리를 따뜻하게 맞이하며 김근수 씨에 대한 이야기를 들려줬다. 그녀는 양아들과 양딸에 대해서도 자세히 알고 있었다. (노동우 외, 2013, 449쪽)

　주인 할머니는 대낮부터 여관 문을 밀고 들어온 우리를 의아하게 바라봤다. 이명호 씨의 마지막 주소지를 보고 찾아왔다고 하니 "그 양반? 벌써 한참 전에 죽었지. (여기엔) 한 3년 전쯤 들어왔나…." 할머니는 기억을 더듬기 시작했다.
　(중략)
　할머니는 혹시나 자식이 찾아올지 몰라 이명호 씨의 유품을 보관하고 있다고 했다. 우리는 유품을 볼 수 있겠느냐고 조심스럽게 물었다. "다른 사람들한테 보여줘도 되나…." 할머니는 잠시 망설이다가 열쇠꾸러미를 꺼냈다. (노동우 외, 2013, 456쪽)

　무연고 사망자의 쓸쓸한 삶은 취재 후기(전하지 못한 꽃송이)에서도 확인된다. 취재팀은 2013년 6월 20일 이른 아침, 서울시립 용미리 무연고 추모의 집을 찾았다. 안내방송을 듣고 버스에서 내렸는데, 입구에는 창고로 보이는 작은 건물만 있었다. 산길을 따라 올라갔다가 장소를 찾지 못해 추모의 집에 전화를 걸었더니 "거기 바로 보이지 않아요? 컨테이너박스 같은"이라는 말을 들었다. 안내원이 얘기한 곳은 창고로 보이는 작은 건물이었다. 안내판이 없고, 문은 자물쇠로 굳게 닫혔고, 창문은 철창살로 둘러져 감옥을 연상케 했다고 한다. 기사에 나온 사망자 한 명 한 명에게 헌화하려고 꽃을 포장해서 갔지만 소용이 없어서 낡은 자물통에 꽃송이를 놓고 돌아섰다. 이들은 당선 소감에서 이렇게 말했다.

첫 취재는 막막했다. 우리가 알지 못했던 곳에서 낯선 사람들을 취재한다는 것이 쉽지가 않았다. 신문에서 보고 읽던 것과 직접 경험하는 일은 엄연히 달랐다. 르포의 소재가 '죽음 이후에도 고독한 사람들'이었기에 더욱 조심스러웠다. 기자도 아닌 대학생 신분인 우리를 경계하고 적대시할 것이라 생각했다. 하지만 걱정과 달리 많은 분이 우리를 따뜻하게 맞아줬다. 자신의 이야기를 들어줘서 고맙다는 말도 많이 들었다. 사람에 대한 두려움이 조금씩 사라지고 취재 과정은 즐거워졌다.
취재는 차차 익숙해졌지만 한편으로는 마음이 무거워졌다. 이미 죽은 사람의 인생을 들추어내는 일이 주위 사람들에게 다시 상처를 주기도 했기 때문이다. 만약 우리의 글이 알려지지 않는다면 그들에게 준 상처가 그저 헛된 일이 되고 말 것이다. 그래서 꼭 당선돼야 했다. 우리가 취재한 넉 달의 시간과 우리가 만난 사람들의 이야기가 조금이라도 사회에 알려지길 간절히 바라며 글을 썼다. (노동우 외, 2013, 471쪽)

취재팀은 쪽방촌과 고시원, 여관을 찾았다. 무연고 사망자가 생의 마지막을 보낸 공간이었다. 여기서 주변 인물을 취재하기 시작해 고독하게 죽는 이유, 죽어서도 고독할 수밖에 없는 이유를 찾았다. 또 경제력이 가정에 영향을 얼마나 미치는지를 알아보기 위해 소외계층이 많이 사는 서울 종로구 돈의동과 용산구 동자동 쪽방촌에서 1인 가구 남녀 46명을 대상으로 설문조사를 해서 이혼 25명, 미혼 13명, 별거 6명, 무응답 2명이라는 답을 얻었다. 무연고 사망의 출발은 경제적 이유, 그리고 이혼이며, 정서적으로 의지할 곳이 없고, 남에게 이를 드러내기 싫어하는 유형이 고독사할 가능성이 높음을 확인했다.

학벌이 화려해도, 한때는 4억 원을 기부할 정도로 재력이 있어도 인생의 마지막 순간에는 한국 남성에게 주어진 가장으로서의 책임감과 사회적 압력이 이들을 무연고 사망자로 만들었다고 결론을 내렸다. 이렇게 무연고 사망자의 삶을 조각조각 맞추는 과정에서 취재팀이 실수로 보이는 행동을 했다.

주소가 잘못된 건가? 우리는 습관처럼 우편함을 확인했다. 우편물에서 발견된 조승만 씨의 이름. 그가 살던 집이 확실하다. 그가 사망한 지 1년이 넘었기에, 현 거주자가 그를 모를 수도 있다. (노동우 외, 2013, 462쪽)

사망자든 아니든 기자가 타인의 우편함을 뒤지는 행위는 윤리적으로 적절하지 않다. 중대한 범죄라고 보기는 어려울지 몰라도, 언론인 지망생 시절부터 이렇게 목적을 위해 윤리를 잠시라도 잊으면 곤란하다. 이 부분을 저자는 취재팀의 작품과 취재 과정에 나타난 '옥의 티'라고 생각한다.

신동아 논픽션이 83명을 통해 무연고 사망자, 고독사의 어두운 현실을 그렸다면 뉴욕타임스 기사, '조지 벨의 외로운 죽음 (The lonely death of George Bell)'은 개인을 통해 고독사 모습을 정밀하게 드러냈다. 지면에는 2015년 10월 18일 1면에 실렸다.

뉴욕에서는 1년에 5만 명 정도가 숨진다고 한다. 클라인필드 (N. R. Kleinfield) 기자는 조지 벨(72세)이라는 노인의 시신이 발견된 아파트 현장에서부터 기사를 시작한다. 그리고 그의 시신과 유품과 재산을 시 당국이 어떻게 처리하는지를 보여주면서 이웃, 친구, 지인의 입을 통해서 조지 벨의 삶, 그리고 숨지기 직전까지의 모습을 복원한다. 서로가 서로에게 타인으로 존재하는 대도시에서 인생과 인간관계의 의미가 무엇인지를 느끼게 한다.

뒷자리의 아이

9장

〈개요〉

제목＝치명적 산만함(Fatal distraction)

매체＝워싱턴포스트(Washington Post)

기자＝진 와인가튼(Gene Weingarten)

게재＝2009년 3월 8일

수상＝퓰리처상 2010년 기획 기사(Feature Writing) 부문

주제목(치명적 산만함) 뒤에 부제목이 나온다. 주차한 자동차의 뜨거운 뒷좌석에 있는 어린이를 잊는 일은 끔찍하고 용서하기 힘든 실수다. 그러나 이게 범죄인가? (Forgetting a child in the back seat of a hot, parked car is a horrifying, inexcusable mistake. But is it a crime?)

기자는 질문을 던지고 이야기를 풀어간다. 처음부터 결론을 내리고 여기에 맞는 사실을 가져다가 맞추는 식으로 취재하고 보도하지 않았음을 알 수 있다. 모두가 동의하기 힘든 사안을 이야기

하기 위해 사례를 많이 제시하고 독자가 판단하게 한다. 미국 하버드대학교의 마이클 샌델 교수가 〈정의란 무엇인가〉라는 책에서 학생과 대화하면서 강의하는 방식과 비슷한 느낌을 준다.

마일 해리슨(Mile Harrison)이라는 남성이 법정에 섰다. 나이 49세. "피고인은 거대한 체구로 몸무게가 300파운드(136kg) 이상이다. 슬픔과 수치심의 무게만큼이나 그는 훨씬 커 보였다(The defendant was an immense man, well over 300 pounds, but in the gravity of his sorrow and shame he seemed larger still)." 아들을 차에 두고 내렸다가 숨지게 했다. 그가 느끼는 슬픔의 무게를 체중과 함께 표현했다.

앤드루 쿨페퍼(Andrew Culpepper)라는 40세 남성 역시 아들을 차에 두고 내렸다. 죽게 할 의도가 없었으니 범죄가 아니고, 범죄가 아니니까 기소하지 않기로 검사가 결정했다. 해리슨 담당 검사는 달랐다. "아이가 있으면 부모에게 책임이 있다. 어린이 안전을 지키는 문제에 나는 단호하다." 해리슨은 기소됐다. 아들을 잃은 슬픔에 법정을 오가느라 심신이 힘들었다. 변호사 수임료가 비싸서 경제적 손실이 컸다.

해리슨과 쿨페퍼는 어린이를 차에 놓고 내려서 숨지게 했다. 실수인가? 범죄인가? "이런 사례를 어떻게 다룰지를 결정하는 데 있어서 무엇이 옳고 무엇이 그른지 확실하지 않다(There may be no clear right or wrong in deciding how to do his cases such as these)." 이렇게 쓰고 진 와인가튼 기자는 여러 사례를 소개한다. 해답이 아니라 질문을 위해 부모 13명을 만났다.

기자는 해리슨이 출석한 법정을 묘사한다. 재판이 끝날 무렵에 두 여성이 조용히 나간다. 매리 파크스(Mary Parks)와 린 밸포어(Lyn Balfour). 해리슨과 파크스와 밸포어. 3명이 같은 일을 경험했다. 어린이를 차에 두고 내려서 숨지게 하는 사례가 미국에서 1년에 15~20회라고 나온다. 1990년대부터 조금씩 늘었다. 자동차 앞좌석 에어백이 어린이를 질식시킨다는 보고가 잇따르자 카시트를 앞좌석 뒷면에 설치했다. 어린이가 보이지 않으니 운전자가 그냥 두고 내리는 일이 생겼다. 보호 장치가 어린이를 위험에 빠트린 셈이다. 시민단체에 따르면 40%는 기소되지 않고, 60%는 기소된다.

해리슨을 기소했던 검사는 단호하게 말한다. "나는 절대 아니다. 내게는 절대 일어나기 힘든 일이다. 나는 주의를 많이 기울이는 부모다(I have to say no, it couldn't have happened to me. I am a watchful father)." 궁금증이 또 생긴다. 도대체 어떤 부모가 아이를 차에 두고 내릴까? 치과 의사, 우체국 직원, 사회복지사, 경찰관, 회계사, 군인, 학생, 성직자, 간호사, 정신 상담사, 대학 교수, 피자 요리사, 로켓 과학자, 기업인…. 누구에게나 같은 일이 생길 수 있다는 뜻이다.

해리슨에게 무죄 판결이 나왔다. 기자는 다시 질문한다. "그래서 과실치사가 아니면 도대체 무엇인가? 사고인가? (So, if it's not manslaughter, what is it? An accident?)" 이어지는 문장을 보자. "사고라는 단어는 불완전한 단어다(No, that's an imperfect word)." 마크 와샤우어(Mark Warschauer)의 말이다. 그는 캘리포니아대학교 어바인캠퍼스(The University of California at Irvine) 교수다. 언어 학습과 기술 분야에서 세계적 학자라고 나온다. 그런데….

와샤우어 교수가 점심을 먹고 연구실로 돌아가는데, 주차장이 눈에 들어왔다. 많은 사람이 모였다. 경찰이 쇠지레로 차 유리를 깼다. 가까이 가서 보니까 자기 차였다. 10개월 아들을 안에 두고 내렸음을 그제야 알았다. 2003년 여름 일이다. 아들은 숨졌다. 와샤우어 교수는 범죄행위로 기소되지 않았지만 몇 개월 뒤에 자살까지 생각했다. 그는 말한다. "이런 일이 무엇인지 딱 맞는 용어가 없다(We lack a term for what this is)."

다음에는 데이비드 다이아몬드(David Diamond)라는 인물이 나온다. 사우스플로리다대학교(The University of South Florida) 교수다. 분자 생리학을 전공한다. 와인가튼 기자와 만났을 때는, 감정과 스트레스가 기억에 미치는 영향에 대해 전국 과학자 회의에서 발표하려던 참이었다. 그 역시 기억이 흐릿해져서 아찔한 일을 경험했다. 쇼핑몰에 차를 몰고 가는데 뒷좌석에 손녀가 있다는 사실을 잊었다. 다행히 아내 얘기를 듣고 나서야 손녀를 기억했다. 다이아몬드 교수는 사례 하나를 얘기하려다가 머뭇거린다.

와인가튼 기자는 이 부분을 다음과 같이 표현한다. "다이아몬드는 말을 중단한다(Diamond stops)." 버지니아주에서 스트레스로 기억이 흐려졌던, 아이를 두고 내렸던, 몇 년 동안 상담까지 했던 여성을 떠올리기 위해서다. 기자에게 말하려는데 이름이 생각나지 않은 모양이다. "그는 포크를 놓고, 천장과 벽과 바닥을 훑고, 머리를 흔들었다. 학회 발표 문제로 스트레스를 받던 중이라고 말했다(He puts down his fork, searches the ceiling, the wall, the floor, then shaked his head. He's been stressing over his conference speech)." 이름이 나오지 않자 기자가 말한다. 린 밸포어 아닌가요?

밸포어가 아들 브라이스를 차 뒷좌석에 놓고 내렸다. 9개월 아들은 달궈진 차에서 숨졌다. 2017년 3월의 일이다. 밸포어는 미시건주에서 태어났다. 육군에 입대해서 보스니아와 이라크에 파견됐다. 병과는 정보 분석과 공사 관리. 청동성 훈장(Bronze Star)을 받을 정도로 일을 잘했다고 한다. 결혼해서 아들을 가졌다가 이혼했다. 브라이스는 다른 남성과 재혼하고 낳은 첫 아이였다. 그런 아이를 주차장의 차 안에서 숨지게 했다. 과실치사가 아니라 2급 살인으로 기소됐다. 최장 40년 징역형까지 나오는 혐의다.

배심원단은 90분간 논의하고 무죄 평결을 내린다. 만장일치였다. 와인가튼 작법에 익숙한 독자는 이 대목에서 다음에 누가 나올지 짐작할 수 있다. 평결에 참여한 여성이다. 밸포어에게 일어난 일이 누구에게도 마찬가지라고 여성이 말한다. 기자는 이렇게 쓴다. "누구에게도?" 여성은 머뭇거리다가 말한다. "어, 나한테도 일어났던 일이에요." 다행스럽게도 아이는 목숨을 잃지 않았다. 다음 대목에서는 시민단체 관계자가 나온다. 아이가 달궈진 차에서 혼자 남았다가 머리를 쥐어뜯다가 숨졌다고 전한다.

아이를 놓고 내린 부모, 이들을 기소했거나 그렇지 않은 검사, 이런 일을 과학적으로 설명하는 교수, 재판에서 유무죄를 결정하는 배심원, 그리고 문제를 개선하기 위해 노력하는 시민단체. 다양한 분야의 다양한 인물을 기자는 조금씩, 자연스럽게 등장시키며 전개한다.

이런 작법을 펼치는 와인가튼을 잡지 '워싱토니언(Washingtonian)'의 톰 바틀렛(Tom Bartlett)은 미국 언론에서 가장 글을 잘 쓰는 기자(the best writer in American journalism)일지 모른다고 했다(Bartlett, 2011). 과장이 아니다. 와인가튼은 퓰리처상 기획 기사 부문에서 유일한 2회 수상자다. 주제 참신성과 문장력 그리고 구성력이 심사에서 핵심 기준이니 기사 수준이 탁월함을 공인받은 셈이다.

다이아몬드 교수 부분을 다시 정리해보자. 기억력이 잠시 흐려져서 아이를 숨지게 하는 부모를 취재하면서 기억력에 대한 전문가를 취재했다. 그는 기억력에 대해서 기자에게 말하다가 이름이 생각나지 않자 답답해한다. 부모와 전문가를 중심으로 이야기를 전개하면서 아이를 차에 놓고 내려서 숨지게 했던 부모, 이들과 상담했던 전문가 역시 기억력이 순간적으로 흐려질 수 있음을 기사에 담는다. 아이를 어떻게 차에 놓고 내릴 수 있어? 도저히 이해하기 힘들어! 이렇게 생각하기 쉽지만, 누구에게도 일어날법한 상황임을 기자는 취재원 대화를 통해 전한다.

홈페이지 앞부분에는 기사 해설과 인터뷰 녹취를 담은 영상이 있다. 자녀를 숨지게 했던 부모가 고민하며 말하거나, 망설이며 말을 더듬거나, 한숨을 쉬거나, 목소리를 떠는 부분이 나온다. 부모 마음을 그대로 독자에게 전한다. 글과 함께 독자에게 강한 인상을 남긴다. 기사는 워싱턴포스트 일요판 잡지(2009년 3월 8일)의 커버스토리다. 전면 사진을 포함해서 14개 지면 분량. 사안이 복잡하고 판단하기 힘드니 그림을 그리듯이, 영상으로 보여주듯이 자세하게 묘사했다. 등장인물의 표정, 숨소리, 동작, 말투, 습관을 모두 포착하고 문장에 담았다.

와인가튼은 퓰리처상 기획 기사 부문을 2008년에 처음 수상했다. '아침 식전의 진주(Pearls before breakfast)'라는 기사였다. 여기서도 부제목을 질문으로 만들었다. '위대한 음악가는 워싱턴의 러시아워 안개 속에서 살아남을 수 있을까? 한 번 알아보자(Can one of the nation's great musicians cut through the fog of a D.C. rush hour? Let's find out).' 세계적 바이올린 연주자, 조슈아 벨(Joshua Bell)이 워싱턴D.C의 지하철역에서 연주하는 상황을 만들어 놓고 출근길 시민을 관찰했다. 대도시의 바쁜 삶 속에서 여유를 잃은 현대인 모습을 조명한다.[1]

---

1) 와인가튼 기자는 이 기사 등 자기 글을 모아서 책 〈지하철의 바이올린 연주자(The Fiddler In the Subway)〉를 2010년 출간했다. 조슈아 벨 기사는 저자가 다른 책에서 다뤘다. (송상근 박재영, 2009, 183-199쪽)

와인가튼은 플로리다주의 신문, 마이애미헤럴드(Miami Herald) 일요판 잡지에서 1981년부터 근무했다. 워싱턴포스트로 옮기고 싶어 1990년에 편지를 보냈다. "일벌레이자 정말로 뭔가에 미칠 정도로 집착한다(a workaholic, a real obsessive maniac)"라고 자신을 소개했다(Kindred, 2011, p.86). 당시 워싱턴포스트 스타일 섹션의 차장이 마이애미헤럴드 일요판 잡지의 팬이었다. 그는 워싱턴포스트가 와인가튼을 채용하지 않으면 창문에서 뛰어내리겠다고 말했다(Bartlett, 2011). 와인가튼은 주제를 정하면 몰입하는 스타일이다. "나는 기계처럼 취재하고 인간으로서 쓴다(I report as a machine; I write as a person)"라고 말한 적이 있다(Mechanic, 2010).

그의 퓰리처상 수상작 2건은 진지한 주제를 다뤘다. 그런데 퓰리처상 홈페이지에는 유머를 주제로 하는 신디케이트 칼럼니스트라고 나온다. 워싱턴포스트 홈페이지에서 와인가튼은 '워싱턴 D.C. 순환도로 아래서(Below the Beltway)'라는 유머 칼럼을 쓴다면서 자신을 이렇게 소개한다. "뉴욕대학교 중퇴생. 무슨 이유에서인지 학교가 졸업생 공로상을 2010년에 수여했다. 엄밀히 말하면 졸업생이 아니고, 딱히 성취한 일이 없는데 말이다."(Washington Post, 2010) 유머 칼럼을 21년간 담당하다가 워싱턴포스트에 더 이상 글을 쓰지 않는다고 2021년 12월 8일 트위터를 통해 밝혔다. 워싱턴포스트 홈페이지에는 마지막 칼럼이 같은 해 9월 23일로 나온다(Weingarten, 2021).

간병 그리고 살인

10장

〈개요〉

제목＝간병살인 154인의 고백

매체＝서울신문

기자＝유영규 임주형 이성원 신융아 이혜리

보도＝2018년 9월 3일

수상＝한국기자상 2018년(제50회) 기획보도 부문,

　　　관훈언론상 2018년(제36회) 사회변화 부문

　저자는 한국기자협회 기자상을 2년 반 정도 심사했다. 전현직
언론인과 언론학자가 심사위원회에 참여하는데 '이달의 기자상'
을 매달, '한국기자상'을 1년에 한 번 선정한다. 지금도 기억에
남는 수상작이 '간병살인 154인의 고백'이다. 서울신문 탐사기
획부가 2018년 9월에 보도했다.

　간병살인 시리즈는 고령화 시대의 그늘을 다뤘다. 한국은 세
계에서 가장 빨리 늙어가는 나라다. 2000년에 고령화 사회가 됐

고, 2017년부터는 고령사회에 진입했다. 세계보건기구(WHO)는 65세 이상 노인이 전체 인구에서 7% 이상이면 고령화 사회, 14% 이상이면 고령사회로 분류한다. 한국은 고령화 사회에서 고령사회로 변한 기간이 세계에서 가장 짧다. 경제와 함께 의학 기술이 발전하면 인간 수명이 늘어난다. 증가한 노인을 누군가 돌봐야 한다. 경제력에 여유가 있지 않으면 가족이 책임진다.

한국보다 고령사회에 일찍 진입하면서 일본은 노인을 가족이 돌보면서 생기는 문제에 오래전부터 주목했다. 간병 살인, 일본식 한자로 개호(介護) 살인이 대표적이다. 마이니치신문(每日新聞)이 특별취재팀을 만들어 2015년 12월 7일부터 2016년 6월 4일까지 보도했다.

취재팀은 시리즈를 대폭 수정하고 편집해서 단행본으로 출간했다. 국내에서는 '간병 살인'이라는 제목으로 2018년 2월에 번역본이 나왔다. 반백 년을 함께 했던 치매 아내를 살해한 기무라 시게루, 선천성 뇌성마비로 태어난 아들을 44년간 돌본 끝에 살해한 요시코, 중증 질환으로 오랜 병상 생활을 했던 어머니와 동반자살을 시도한 후지사키 사나에. 취재팀은 주변에서 쉽게 접할만한 평범한 이들이 사랑하는 가족을 죽이거나 스스로 목숨을 끊는 비극을 추적한다. 책 표지에 나오는 문장, '벼랑 끝에 몰린 가족의 고백'이 심각성을 보여준다.

서울신문 탐사기획부도 같은 문제의식에서 간병살인 시리즈를 기획했다. 이 보도는 '이달의 기자상'을 2018년 9월(제337회

기획부문 신문·통신 부문)에 수상했다. 연말에는 한국기자상
(제50회 기획보도 부문), 그리고 관훈클럽의 관훈언론상(제36
회 사회변화 부문)까지 받았다.

한국기자상 심사위원회는 "탐사보도가 무엇인지를 보여주는
교과서 같은 역작"이라며 "가족간병의 고통과 후유증에 대한 설
문조사를 실시하고 관련 자료를 취합해 국내 최초로 간병살인 통
계까지 구축하며 사안을 체계적으로 분석한 보도의 완결성이 압
권"이라고 평가했다. 관훈언론상 심사위원회는 "고령화 시대,
핵가족 시대에 간병 문제로 가족이 위기를 맞는 등 그 심각성을
생생하게 알림으로써 사회에 경각심을 일깨우고 정부의 새 대책
도 이끌어 낸 공로"라고 설명했다.

간병살인 기획은 탐사보도(investigative reporting)인
가? 퓰리처상의 이 부문 수상작과 비교하면 성격이 달라 보인
다. 하지만 저자를 포함한 심사위원회는 치열한 문제의식을 밀
도 높은 기획으로 완성하는 과정에서 서울신문 탐사기획부가
보인 열정과 끈기에 감탄했다. 호기심, 집요함, 의심, 분노하
는 심정(curiosity, persistence, skepticism, a sense of
outrage)은 탐사보도의 전형적 특징이다(Houston, Horvit &
Investigative Reporters and Editors, 2021, iv).

취재팀은 먼저 가해자와 유족을 만나기로 했다. 방법을 고민하
다가 법원 판결문을 떠올렸다. 가해자 즉 피고인 주소를 모으기
위해 대법원의 판결문 열람 시스템을 통해서 2006년 이후에 선

고가 나온 사건을 파악했다. 자료가 체계적으로 정리되지 않아서 많은 시간과 노력이 필요했다. 다음은 한국기자협회 기자상 공적설명서.

사실 해당 작업은 쉬운 게 아니었습니다. '간병살인'판결문이라고 따로 분류돼 있는 게 아니기 때문에 저희가 직접 시스템에 '간병''살인''치매''장애''상해치사'등과 같은 관련성이 있는 다수의 키워드를 입력해야 했습니다. 각각의 키워드가 포함된 판결문은 적게는 수십 개, 많게는 수백 개가 뜨기 때문에 결과적으로 수천 건에 달하는 모두 읽어보고 저희 기획 취지에 맞는 판결문을 따로 추려내야 했습니다.
또 대법원 판결문 열람시스템은 법원행정처 도서관에 내에 있는 4대의 컴퓨터로만 이용이 가능합니다. 2주 전부터 예약이 가능하지만, 변호사 등이 항상 미리 예약을 해버리기 때문에 정기적인 예약을 하는 것조차 불가능했습니다. 유일한 방법은 온종일 법원행정처에서 대기하다 예약이 갑자기 취소된 컴퓨터를 선착순으로 이용하거나, 예약한 사람이 이용 가능시간(1시간 30분)을 채우지 않고 먼저 떠날 경우 남은 시간을 쓰는 방법뿐이었습니다. 이런 과정을 거쳐 2006년 이후 '간병살인'이라고 할 수 있는 사건에서 선고가 난 판결은 총 108건이라고 결론지었습니다. (유영규 외, 2018)

판결문 원본 역시 어렵게 구했다. 법원행정처 시스템은 검색과 열람만 허용한다. 원본을 외부에 제공하지 않으므로, 사건번호를 메모했다가 판결문을 이메일 또는 등기로 보내달라고 전국 법원에 요청했다. 108건의 1심과 항소심(2심)과 대법원 상고심(3

심)을 모두 구하는데 한 달 정도 걸렸다. 가해자를 만나려면 주소를 알아야 하는데 법원이 제공하는 판결문에는 인적 사항과 주소가 나오지 않는다. 개인정보를 보호하기 위해서라고 한다. 결국 취재팀은 법원행정처 열람시스템을 통해 판결문을 보면서 주소를 외웠다가, 열람실을 나와서 메모했다.

가해자는 어떻게 만났을까? 법원에서 정상을 참작해 집행유예를 선고한 가해자부터 찾아갔다. 판결문에는 전화번호가 나오지 않으니 주소지를 찾아갈 수밖에 없었다. 판결문에 나온 주소에서 일부는 이사했거나 일부는 세상을 떠났다. 주소지와 가까운 부동산 중개사무소까지 가서 가해자와 만날 방법을 찾는 등 전국을 돌아다닌 끝에 20여 명의 가해자 또는 유족을 만났다.

가족을 돌보다가 심신이 지쳐서 살인했다? 당사자에게는 비극이자 악몽이다. 가해자와 유족에게 사라지기 힘든 상처가 된다. 이런 일을 다시 떠올리게 하는 일은 괴롭다. 하지만 취재팀은 당사자 마음을 열기 위해 한 번 찾아가서 거절당하면 며칠 뒤에 다시 찾아갔다. 비극이 다시 벌어지지 않도록 사회가 해법을 모색해야 한다며 부탁했다.

진심을 알아준 당사자와 유족 10여 명이 입을 열었다. 마침내! 일부는 사진 촬영까지 승낙했다. 경찰과 검찰 수사, 법원 재판을 통해서 간병살인이 사건 기사로, 일회성으로 즉 단편적으로 보도된 적이 많았다. 하지만 가해자를 다수 취재해서 비극적 사연을 집중보도한 경우는 처음이었다.

판결문과 당사자 인터뷰를 통해 취재팀은 심각성을 제한된 범위에서 파악했다. 이런 작업만으로도 보도 가치가 높다고 저자는 평가한다. 하지만 취재팀은 만족하지 않았다. 어두운 현실을 더욱 정밀하게 보도하려고 데이터를 만들기로 했다. 정부와 공공기관, 학계에서 관련 연구가 거의 없었기에 취재팀이 나섰다.

판결문 108건이 국내 간병살인 전체를 보이지 못하므로 취재팀은 다른 자료를 추가로 확보했다. 보건복지부 산하 심리부검센터의 기록, 언론보도 검색을 거쳐 60건의 간병자살 사례를 확인했다. 먼저 구했던 판결문까지 포함해서 분석했더니 2006년 이후 가해자가 154명, 희생자가 213명이라는 결과가 나왔다. 세부적으로는 가해자와 희생자의 가족 관계, 나이, 간병 기간, 환자 병명을 확인했다. 일본 정부는 2007년부터 간병살인(동반자살, 살인 미수 포함) 통계를 작성하지만, 국내에서는 정부가 아니라 언론이 통계화를 처음 시도한 셈이다.

취재팀이 입수한 자료와 직접 들은 이야기는 간병살인의 과거를 보여준다. 국내에서 발생했던 사례를 종합했다는 점에서 의미가 있지만, 취재팀은 보도 순간에도 가족을 간병하는 사람에게 눈을 돌렸다. 과거만 보여주지 않고, 현재 상태까지 독자에게 전달하려고 가족을 간병하는 325명을 대상으로 설문조사를 했다. 한국치매협회, 포털사이트 네이버 카페 '뇌질환 환우 모음' 등의 협조를 받았다. 설문 대상을 300명 이상으로 모으기까지 약 2개월이 걸렸다.

문항은 아주대학교 심리학과와 공동으로 개발했다. '언어분석 프로그램'을 활용해 가장 많이 언급된 단어를 정리하고 워드클라우드 형식으로 추출했다. 또 해법을 찾기 위해 전문가 좌담회를 열고 해외 제도를 소개했다. 신융아 기자는 6주간 매주 토요일 가족 간병인을 위한 치유 프로그램에 참여해 이들이 느끼는 어려움을 직접 들었다. 이런 노력이 있었기에 시리즈를 2018년 9월 3일 시작할 수 있었다.

154명의 살인범 이야기를 하려 합니다. 예외 없이 가족을 죽인 패륜 범죄자입니다. 치매에 걸려 자신을 잃어가는 아내, 급성뇌경색에 걸린 남편, 선천성 발달장애를 앓는 자식까지 대상도 이유도 조금씩 다릅니다. 한때는 주변에서 희생적인 부모이거나 효자, 효부로 불린 이들이기도 합니다. 하지만 끝모를 간병의 터널 속에서 가족은 무너졌습니다. 빚은 눈덩이처럼 불어났고 다른 가족 구성원의 삶도 나락으로 끌어내려졌습니다. 밀려오는 중압감을 견딜 수 없다는 생각에 벼랑 끝에서 끈을 놓아버린 사람들의 이야깁니다. 지금도 묵묵히 고통을 감내하는 대부분의 간병 가족을 우리 사회가 홀로 내버려 두지 말자는 뜻에서 8회에 걸쳐 아픈 기록을 시작하려 합니다. (서울신문, 탐사기획부, 2018)

시리즈는 8회에 걸쳐 17개 면에 실렸다. 1회는 老-老 간병의 고통, 2회는 '끝없는 굴레' 다중간병, 3회는 폭언·폭행에 내몰린 간병인을 다뤘다. 4회는 장애인 간병, 5회는 죽음을 분석하다, 6회는 가족이 말하는 그, 7회는 그래도 살아야 한다. 8회는 함께 풀어야 하는 과제라는 소제목을 달았다.

간병살인 기획

순 서	날 짜	지 면	제 목
1회	9월 3일	1면	치매 수발 6년, 아내 목을 졸랐습니다
		2면	54년 함께한 임자, 미안해
		5면	간병은 전쟁이다, 죽어야 끝나는
		6면	아비는 너희에게 짐이 되기 싫었다
2회	9월 4일	1면	아픈 어머니·아내·딸…사방이 지옥이었다
		6면	10개월간, 아내는 죽음을 부탁했습니다
		7면	독박 간병, 살인 충동마저 부르는 악몽
3회	9월 5일	1면	욕하고 때리는 치매 10년…아들은 수면제를 탔다
		6면	엄마를 삼켰다, 나도 삼켰다
		7면	간병 5년, 쌓인 분노, 10배의 우울증
4회	9월 6일	1면	불혹의 장애아들 돌보던 뇌경색 부친 "가자, 같이"
		6면	장애 아들 돌본 40여년, 살아도 산 게 아니었어
		7면	1년에 1만 5000원…이 돈으로 장애를 견디라니
5회	9월 7일	1면	심리부검으로 본 죽은 자의 속내
		6면	수면제 40알을 건넸다, 엄마는 죽음을 선택했다
		7면	할멈이 삶을 내려놓자, 영감은 이성을 놓았다
6회	9월 10일	6면	늙은 아내 살해한 남편도 치매…법의 관용
		7면	요양원 입소 3주 만에…걷는 법을 잊은 엄니
7회	9월 11일	6면	간병하다 건강 해치고 생활고…숨 좀 돌릴 여유 있었으면, 제발
		7면	간병에 내 마음도 병들어…지친 나부터 안아 주세요
8회	9월 12일	6~7면	에필로그-김민준씨 항소심 최후 변론
		6~7면	전문가들이 제시한 해법은

기사 신뢰도를 높이려면 취재원을 실명으로 처리해야 한다. 익명과 가명은 예외적으로 사용해야 한다. 국내외 언론이 윤리 강령이나 취재 준칙에서 밝힌 내용이다. 간병살인 시리즈에는 익명 취재원이 상당히 많다. "살인사건 가해자 또는 유족이 주요 취재원

이다 보니 익명을 사용할 수밖에 없었습니다"라고 취재팀은 설명한다. 하지만 취재팀은 일부 취재원으로부터는 사진 촬영 동의를 받아서 모자이크로 처리하거나 뒷모습을 찍었다. 실명 취재원 비율을 높이지 못했지만 나름대로 노력했던 모습이 보인다. 취재팀은 시리즈를 보완해서 〈간병살인, 154인의 고백〉이라는 책으로 2019년 출간했다. '들어가는 말'에 이런 내용이 나온다.

> 급한 마음에 용산구 후암동으로 달려갔습니다. 1박 2일 동안 빌라 앞에서 보초를 선 덕에 어렵사리 아버지를 만날 수 있었습니다. 아버지는 원망스러운 눈으로 물끄러미 절 쳐다보며 말하더군요.
> "입장 바꿔 생각해보세요. 딸 죽인 아빠가 무슨 이야기를 하겠습니까."
> 이러지도 저러지도 못한 채 그 자리에 서서 펑펑 울었습니다. 우선 그 아버지와 가족에게 송구했고, 팀장에게 또 어떻게 보고해야 할지 걱정도 됐습니다. 세월이 흘러 울보 기자는 부장이 되었고, 후배들에게 같은 사연이 담긴 가정들의 주소를 건넸습니다. (유영규 외, 2019, 5-6쪽)

시리즈를 담당했던 유영규 탐사기획부장이 책에 나오는 울보 기자다. 그는 2003년 가을, 장애인 딸을 살해한 아버지를 취재하러 갔다가 거절당했다. 경찰팀장 지시로 인터뷰하려고 했지만 무슨 이야기를 하겠냐고 아버지가 말하자 자신도 울었다고 한다. 유영규 부장은 이 일을 잊지 않았던 모양이다. 기자 초년병 시절에 듣지 못한 사연을 그는 15년이 지나서 후배들과 같이 역작으로 만들었다.

테러의 상처[1]

11장

〈개요〉

제목＝20년이 지날 때까지(Twenty years gone)

매체＝애틀랜틱(Atlantic)

기자＝제니퍼 시니어(Jennifer Senior)

보도＝2021년 9월호

수상＝퓰리처상 2022년 기획 기사(Feature Writing) 부문

퓰리처상에서 저자는 기획 기사 부문을 흥미롭게 읽는다. 타이틀에 나오는 작법(writing)이라는 단어가 말하듯, 주제 참신성과 구성 및 문장력을 중심으로 심사한다. 다른 부문에는 대부분 보도(reporting)라는 단어가 붙는다. 수상작을 읽으면 미국 기자들이 새로운 소재와 새로운 작법을 끊임없이 탐구하는 모습이 보인다.

애틀랜틱의 제니퍼 시니어 기자가 2022년에 이 부문을 수상했다. 주인공은 2001년 발생한 9ㆍ11 테러 희생자의 유족과 여자

---

1) 저자가 한국언론진흥재단의 〈신문과 방송〉에 썼던 글을 일부 활용했다. (송상근, 2022)

친구다. 바비 매클바인(Bobby McIlvaine)이라는 26살 청년이 뉴욕에 갔다가 목숨을 잃었다. 여자친구는 남자친구의 마지막 일기를 원했다. 자기 이름이 많이 나오니까 추억으로 간직하고 싶었다. 아버지는 오래 고민하지 않고 건넸다. 시간이 지나면서 부모는 아들의 생전 모습이 궁금했다. 그래서 일기를 보여달라고 부탁한다. 여자친구는 처음에는 생각해보겠다고 대답하다가 나중에 거절한다. 요청과 거절이 되풀이되면서 부모와 여자친구가 다툰다.

도입부를 읽으면서 이렇게 생각했다. 일기를 복사해서 한쪽이 원본을, 한쪽이 복사본을 가지면 되지 않나? 소중한 사람을 갑자기 잃은 사람끼리 반목하고 갈등할 필요가 있을까? 기사 제목처럼 20년이 지날 때까지 말이다.[2] 마지막까지 읽고 나서야 궁금증이 풀렸다. 그리고 새삼 느꼈다. 테러와 재난과 범죄가 인간에게 얼마나 깊은 상흔을 남기는지. 등장인물 심리를 섬세하게 묘사해서 인상적이다.

매클바인은 운동과 공부를 모두 잘했다. 미국 프로농구 스타가 됐던 코비 브라이언트(Kobe Bryant)와 고등학생 시절에 경기하면서 16득점을 했다. 유튜브에는 지인이 올린 영상이 나온다. 매클바인은 프린스턴대학교에 입학해서 1997년 졸업했다. 여자친구가 있었다. 이름은 젠 콥(Zen Cobb). 프러포즈하려고 반지까지 미리 샀다. 매클바인은 9·11테러 당일, 뉴욕 세계무역센터에 회의하러 갔다. 사망 사실은 며칠 뒤에 공식 확인됐다. 어

---

2) 온라인 제목은 〈What Bobby McIlvaine left behind: Grief, conspiracy theories, and one family's search for meaning in the two decades since 9/11〉로 나온다.

머니는 슬픔을 혼자 삭히고, 아버지는 음모론에 빠지고, 여자친구는 일기에 집착한다.

　기사는 매클바인 서재에서 시작한다. 그는 10대 때부터 일기를 썼다. 희망, 생각, 좌절처럼 일반적인 일기에 담을만한 내용이 대부분이었다. 서재에 있던 일기가 기사의 핵심 장치(a plot device)다. 부모가 아들을 기억하고, 여자친구가 남자친구를 추억하는 유품이다. 아들이 죽고 1주일이 되지 않아서 아버지는 아들 여자친구에게 일기를 준다. 여자친구는 자기 이름이 많이 나오는 일기를 갖고 싶었다. 아버지는 깊이 생각하지 않았다. 어머니는 같이 결정했어야 하는 문제라고 나중에 말했다.

　테러 이후 한동안, 여자친구는 남자친구 가족과 같이 지냈다. 어머니가 아들의 마지막 일기를 보고 싶다고 자주 말했다. 일기를 전부 갖지 말고, 부분적으로 복사해도 되지 않느냐는 말도 했다. 여자친구는 처음에 생각해보겠다고 했다. 어머니는 하소연한다. 말다툼을 벌이다가 여자친구는 다른 물건을 가족이 갖고 있으니 일기는 자기가 갖겠다고 하다가 떠난다. 문을 꽝 닫고는, 차에 가서 울음까지 터뜨린다. 그리고 양측 사이가 멀어졌다.

　가족은 바비가 남긴 문구를 되새긴다. '삶은 사랑하면서 흐른다(Life loves on).' 세 단어는 가훈이 됐다. 일기? 메모장? 어디서 나온 말인지는 누구도 몰랐다. 하지만 부모는 아들 흔적으로 생각하고 소중하게 생각했다. 아버지는 팔에다 타투를 하고, 어머니는 팔찌에 새겼다.

여기까지 쓰고 나서 기자는 가족과의 인연을 말한다. 기자 남동생과 매클바인 남동생이 대학교 기숙사 첫날부터 같은 방에서 지냈다. 이런 사이였기에 유족과 여자친구 사연을 알고, 자세하게 취재해서 기사를 쓸 수 있었다. 등장인물과 기자 관계를 차례로 소개한 뒤에는 매클바인이 뉴욕에 갔다가 집에 돌아오지 못했다고 간단히 언급한다. 테러 내용, 유족 슬픔은 미국 언론이 수없이 보도했다. 기자는 이런 사연을 반복하지 않는다. 9 · 11테러 그리고 유족. 두 단어에서 기자는 테러가 아니라 유족에 집중한다. 정확히 말하면 슬픔이다.

어머니는 자주 이용하던 슈퍼마켓을 몇 년 동안 가지 않았다. 지인을 우연히 만났다가 어떻게 지내냐는 말을 듣기 싫어해서다. 아버지는 음모론에 빠졌다. 그리고 여자친구는 다른 남자와 결혼해서 자녀를 둘 가졌다. 시니어 기자는 2021년 4월부터 취재했다. 일기를 보고 싶다고 했더니 여자친구는 뭐든 간직하는 사람(saver)이 아니라고 했다. 거절당할 때, 심정을 기자는 "마음이 얼어붙었다(My heart froze)"라고 했다. 하지만 여자친구가 일기를 여전히 간직하고 있음을 알았다.

여기서 기자는 카메라 앵글을 바꾼다. 아들에 대해 자세하게 얘기해달라고 부모에게 부탁한다. 남동생, 고등학교 동창, 기숙사 룸메이트도 취재한다. 기자는 매클바인과 자신의 추억도 풀어놓는다. 잡지기자 일을 시작했을 때, 매클바인이 문장에 대해 조언했다고 나온다.

아버지는 기자와 재회한 점심 자리에서 울음을 터트렸다. 케이블 방송 HBO가 제작한 9·11 다큐멘터리에는 아버지가 출연해서 우는 장면이 나온다. 그러면서 아들이 건물에 묻히지 않고 마지막 순간에 창문으로 뛰어내렸다고 생각한다. 테러 직후에 시신이 발견됐지만 가능하면 보지 말라는 조언을 듣고 넘어갔다. 몇 년이 지나 용기를 내서 부검 기록을 봤다. 그리고 미국 정부가 빌딩에 폭탄을 계획적으로 설치했다고 믿는다. 음모론에 빠지면서 목소리를 높일수록 내면이 피폐해졌다. 전에는 뚜렷한 정치 성향이 없었다. 민주당에 투표한 적도 있고, 공화당에 투표한 적도 있다. 아들이 죽자, 아버지는 반전 운동에 나섰다. 원래는 조용하고 침착했다. 이런 성격이 "호전적으로 변했다(I became militant)"라고 스스로 말할 정도였다. 그는 일기장을 아들 여자친구에게 줬던 일을 후회했다. 영국 신문은 아버지를 2011년에 인터뷰하면서 '일기의 사연(the journal episode)'이라고 표현했다.

다음에는 어머니가 나온다. 테러 당일에 텔레비전 보도를 보고는 말이 되지 않는다고 생각했다. 오후 들어 아들 친구가 뉴욕의 메릴린치 직원에게 연락했더니 당일 오전에 매클바인과 다른 친구가 세계무역센터 빌딩에서 열리는 회의에 참석할 예정이었다고 한다. 전혀 상상하지 못한 일이 닥쳤음을 어머니는 늦게야 알았다.

가족은 뉴욕으로 향했다. 아버지는 시니어 기자의 동생과 아들이 같이 쓰던 방에서 밤을 보냈다. 그리고 다음 날, 시신안치소로 오라는 연락을 경찰에게서 받았다. 목사가 부모와 남동생과 여자친구, 그리고 기자의 남동생을 안내했다. 일행은 거기서 루디 줄리아니 당시 뉴욕시장을 만났다. 시장은 가족을 한 명씩 안으며 위로했다.

부모는 아들이 숨지기 이틀 전에 마지막으로 봤다. 매클바인이 여자친구 아버지에게 결혼을 허락해달라고 부탁해서, 두 가족이 뉴저지주 식당에서 저녁을 같이 먹었다. 그날, 아들 이마에 땀이 맺히는 모습을 보고 어머니는 음식이 나올 때까지 손을 꼭 잡았다고 한다. 어머니는 아들 일기를 몇 권 갖고는 있다. 그가 남긴 메모장도 간직했다. 하지만 아들이 숨지기 직전의 일상을 담은 일기는 여자친구가 가졌다. 아들의 마지막 모습을 추억하고 싶으니 마지막 일기에 부모가 집착하는 건 당연하다는 생각이 들었다. 이렇게 기사 중반부까지는 가족을 중심으로 흘러간다.

다음은 기자가 워싱턴D.C에 가는 내용이 이어진다. 여자친구를 만나기 위해서다. 마지막 일기를 왜 가족에게 보여주지 않았을까? 주기 싫으면 복사해서 건넬 수는 없었을까? 이런 궁금증이 기사 도입부에서 생겼는데 조금씩 풀어놓는다. 기자가 방문하자 여자친구는 차고에 보관했던 남자친구 유품을 꺼냈다. 그리고 일기장을 가리키며 말했다. "모든 문제를 일으킨 물건이죠(The thing that caused all that trouble)." 일기장은 2권이었다. 하나는 수백 장짜리였는데, 17장에만 내용이 있었다. 2001년 4

월 11일 일기는 이렇다. "나는 젠을 그리워한다. 그녀는 나의 모든 나날이다(I miss Jen. She is my everyday)."

여자친구 기억에 따르면 매클바인 부모와 한동안 사이가 좋았다. 결혼을 약속했던 사이니까, 소중한 사람을 같이 잃었으니까. 부모가 아들의 마지막 일기를 돌려 달라고 하지만, 여자친구는 거절한다. 어느 순간부터 어머니 목소리가 높아진다. 기자는 가족에게 일기를 돌려주지 않는 이유를 묻는다. 여자친구 행동은 좌절하거나 슬퍼한 사람이 아니라 분노한 사람의 행동이 아니냐면서. 독자가 계속 궁금하던 부분이다. 여자친구는 이렇게 대답한다. "당시에 헬렌(남자친구 어머니)이 '너는 괜찮을 거야. 젊으니까'라고 말해서 화났던 기억이 있어요."

부모는 아들을 잃었고 자신은 남자친구를 잃었다. 부모 마음을 이해하지만, 자신은 괜찮을 거라는 말이 섭섭했고, 또 다른 상처였던 모양이다. "내가 느끼는 슬픔이 자기가 느끼는 슬픔보다는 덜 하다고 헬렌이 말하는 듯했어요. 극도로 고통스러운 순간에서 나온 말임을 알긴 했지만 나는 당시에 이렇게 생각했던 걸로 기억해요. 내가 괜찮아질 거라고 어떻게 알지? 만약 내가 괜찮지 않으면? 나는 나대로 괜찮지 않다면?"

남자친구가 죽기 전에 여자친구에게 괜찮지 않은 일이 있었다. 어머니가 암으로 세상을 떠났다. 2001년 4월 20일이었다. 반년 사이에 어머니와 남자친구를 잃었다. 이런 상태였으니 시간이 지나면 괜찮을 거라는 매클바인 부모 말이 여자친구에게 상처가 됐던 모양이다. 상처받은 영혼이 또 다른 상처를 다른 이에게 의도하지 않게 주었다고 할까. 테러로 소중한 아들을 잃은 부모, 남자친구를 잃은 여성. 모두가 피해자다. 극도로 고통스러운 순간에 나온 몇 마디가 부모와 여자친구 사이를 갈라놓았다.

테러 직후에 여자친구는 남자친구 집에서 머물렀다. 이 기간을 남동생은 반년으로, 어머니는 1주일로, 여자친구는 2개월 정도라고 말한다. 상처를 안고 사는 동안, 소중한 추억 역시 희미해졌다. 소중한 사람이 떠나면 가족과 친구와 지인은 자기 방식으로 추억하면서 사는 모양이다. 기사에 나오는 문장대로 "우리는 떠난 이를 언제나 만들어 내고, 다시 만들어 낸다(We are always inventing and reinventing the dead)."

기자는 2018년 11월부터 매클바인 이야기를 쓰려고 했다. 여러 이유로 시작하지 못하다가 20주년이 다가오자 본격적으로 시도했다. 처음부터 일기에 주목했다. 가족과는 4월 17일에 처음 인터뷰했다. 그리고 6월 12일에 초안을 냈다. 팩트체크와 원고 수정에 3주 반 정도가 걸렸고, 7월 8일 출고됐다(Pyle, 2021).

가족은 인터뷰하면서 어떠한 조건도 붙이지 않았다고 한다. 그렇지만 기자는 녹음기가 돌아간다는 사실을 수시로 알려줬다. 어머니와는 며칠간 이야기했다. 처음에는 거절했지만, 여자친구 역시 취재에 응한다. 이야기를 나누고 어떠한 조건 없이 일기장을 건넨다. 슬픔에 빠진 사람과 대화하면서 배운 점이 있을까? 기자는 하버드대학교 니먼재단 인터뷰에서 이렇게 말한다.

있어요. 내가 했던 것 같은 아주 어리석은 질문, 예를 들어 "가족 중에서 누가 가장 슬픔을 잘 이기는 중이라고 생각하나요" 같은 질문을 하지 말라는 겁니다. 어떻게 생각하든지 간에 끔찍하고 바보 같고 감수성이 없는 질문이거든요. 그런 질문은 누군가는 다른 사람보다 슬픔에 익숙하거나, 슬픔을 받아들이는데 하나의 옳은 방법만 있다고 암시하는 거죠. 만약 다른 사람과 달리 여전히 슬퍼한다면 정신적으로 문제가 있거나, 이상한 방법으로 슬퍼하는 거라고 암시하는 거죠. (Pyle, 2021)[3]

기사가 나가고 남동생, 여자친구 그리고 기자가 ABC 방송의 '굿모닝 아메리카(Good Morning America)' 프로그램에 같이 출연했다. 2021년 8월 10일이다. 유튜브 영상을 보니까 남동생이 형 이야기를 하는데 눈시울이 붉어졌고 목소리가 약간 떨렸다. 형을 그리워하는 마음이 여전했다. 그는 형의 여자친구와 만나지 않았다. 기사를 계기로 방송 전날에 저녁 식사를 같이했다. 매클바인 가족과 여자친구가 화해할 계기가 생겼다. 20년이 지나고 나서.

---

3) Yes. Don't ask anything insanely stupid like I did, which was, "Who in your family do you think is furthest along in processing their grief?" It was a horrifying question, idiotic and insensitive in every possible way, because it implies that some people are better at grieving than others, or there's one right way to metabolize grief, or that it's some kind of moral failing if you're still grieving when others aren't, or that you're grieving differently, etc.

그날, 그 바다

⟨개요⟩

제목＝한국에서 천안함 생존자로 살아간다는 것

매체＝한겨레21 · 한겨레신문

기자＝변지민(한겨레21) 정환봉 최민영(한겨레신문)

보도＝2018년 7월 23일(한겨레21 1221호)

수상＝관훈언론상 2018년(제36회) 저널리즘 혁신 부문

관훈클럽은 중견 언론인 모임이다. 우수 보도를 골라서 1년에 한 번, 관훈언론상을 수여한다. 2014년(제32회)부터는 4개 부문으로 나눴다. 사회 변화, 권력 감시, 국제 보도, 저널리즘 혁신이다. 그전까지는 부문을 나누지 않았다.

저널리즘 혁신 부문에 대해 관훈클럽은 '변화하는 미디어 환경에 대응하는 시도를 통해 저널리즘의 새로운 가능성을 모색하고, 언론의 영역을 확장한 경우'라고 설명한다. 네 가지 예시는 △ 창의적 기사 작법과 뛰어난 문장력(best writing)으로 독자,

시청자와의 소통 확대 △ 새로운 취재·보도 기법의 활용 △ 언론 환경 변화에 대응한 새로운 취재 편제 및 시스템 도입 △ 디지털 시대를 반영하는 도전적 실험이라고 홈페이지에 나온다. 요약하면 새로운 미디어 환경에서 취재 및 기사 작법의 참신성, 즉 새로운 시도를 높이 평가한다.

주간지 〈한겨레21〉과 한겨레신문이 2018년 관훈언론상(제36회)에서 저널리즘 혁신 부분을 수상했다. 심사위원회는 "천안함 사건에 대해 대학 연구소와 협업을 통해 다양한 데이터를 잘 활용하고 과학적으로 심층취재 보도하는 등 새로운 방식으로 저널리즘의 수준을 높인 공로"라고 이유를 설명했다(관훈클럽, 2018, 4쪽).

심사평을 보면 천안함 보도는 다양한 데이터와 과학적 취재가 높은 평가를 받은듯하다. 기사는 한겨레21의 1221호(2018년 7월 23일)에 실렸다. 표지 이야기의 주 제목은 '한국에서 천안함 생존자로 살아간다는 것'이다. 본문 기사는 4건. 순서는 △ 보수는 이용했고 진보는 외면했다(변지민) △ 군의관은 생존자에 관심 없었다(변지민) △ 천안함 영웅? 패잔병 대우 받았다(변지민 정환봉 최민영) △ 미국, 국가가 PTSD전문병원 운영(이승준)이다.

저자는 천안함 보도의 가장 큰 장점을 심사위원회와 다르게 본다. 다양한 데이터와 과학적 보도라는 측면보다는 국가가 외면하고, 사회가 관심을 기울이지 않던 생존 장병 상태를, 즉 인간적 고통을 세밀하게 그린 점에 주목해야 한다고 생각한다. 취재팀이 관훈언론상에 응모하면서 제출한 공적서의 가장 앞부분을 보자.

　　권력화된 진영논리를 깨뜨린 보도: 진보와 보수라는 오래된 구도는 단단하게 굳어져 하나의 거대한 '권력'으로 자리 잡고 있었습니다. 상대의 말이 사실이라도 믿지 않고, 상대 쪽의 말이라면 살펴봐야 할 진실도 제대로 살피지 않는 것이 어느새 일상이 되었습니다. 〈한겨레21〉과 〈한겨레〉의 천안함 보도는 권력화된 진영논리를 깨뜨리고, 저널리즘이 봐야할 것은 오로지 '사실'뿐이라는 점을 다시 한번 부각했다는 점에서 커다란 의의를 지녔다고 자평합니다.

천안함은 2011년 침몰한 뒤 한국에서 정치적, 이념적 대결의 상징이 됐다. 정부는 북한이 어뢰를 이용해서 천안함을 공격했다고 발표했다. 일부 시민단체와 전문가는 100% 받아들이지 않았다. 천안함 침몰을 북한에 의한 폭침으로 믿느냐, 믿지 않느냐는 이념적 성향을 보여주는 기준이 됐다. 변지민 기자는 정권이 바뀌면 천안함의 새로운 진실이 드러난다고 믿었던 모양이다. 한겨레21 편집장은 〈만리재〉 칼럼에서 이렇게 말했다.

　　화학공학과 3학년에 재학 중이던 그(변지민 기자)도 이명박 정부의 발표를 믿지 않았다. 진짜 침몰 원인을 밝히고 싶었다. 그래서 기자가 되었다. 묻어뒀던 사명은 지난해 다시 깨어났다. 정권이 바뀌어 침몰된 진실이 수면 위로 떠오를지 모른다는 기대도 컸다. '진짜 침몰 원인'의 단서를 찾아 헤매던 그가 천안함 생존자인 최광수 씨의 이름을 우연히 알게 된 것도 그즈음이다. 지난 3월 취재에 속도가 붙었다. 뜻밖에 누군가 프랑스에 있는 최 씨를 소개해줬다. 사고 원인에 대한 양심선언을 기대할 수 있다는 귀띔과 함께. (류이근, 2018)

변지민 기자는 최광수 씨와 전자우편 40통을 주고받았다. 카카오톡과 영상으로도 대화했다. 이명박 정부는 천안함을 북한이 폭침시켰다고 했다. 발표를 뒤집는, 이제까지 나오지 않은 진실을 기대했지만, 최 씨 말은 제보와 달랐다. 새로운 내용, 기대했던 내용이 나오지 않았다? 취재를 중단하기 쉽다. 한겨레21과 한겨레신문의 성향을 고려하면 정부 발표와 같은 이야기를 다시 게재할 가능성이 거의 없다.

최광수 씨와 이야기를 많이 나누다가 변지민 기자는 새로운 사실을 알았다. 장병 사연이었다. 이들은 외상후스트레스장애에 시달렸다. 군에서는 따돌림을 당하고 패잔병 취급을 받았다. 일부는 자살을 생각했고 실제로 시도했다. 최 씨가 프랑스에서 겪었던 일은 좌우 진영, 그리고 이런 진영에 속한 국민과 언론이 천안함을 어떻게 봤는지를 알려준다.

꼬리표는 프랑스까지 집요하게 따라왔다. 파리에 막 도착해 그곳에 살던 아버지 지인을 만났다. 타국 생활에 도움을 받으러 갔던 건데 술이 한 순배 돌자 "숨기는 게 있지 않냐, 천안함은 사실 좌초했는데 조작한 거 아니냐"며 추궁했다. 단호하게 "이런 이야기를 하러 온 게 아니다"라고 잘랐다.

아버지 지인은 한국의 한 언론인에게 이를 이야기했고, 그 언론인은 나름의 각색을 거쳐 "해외 유학 중인 천안함 승조원이 정부의 발표가 사실이 아니라고 실토했다. 곧 양심선언이 나올 것"이라는 말을 만들어냈다. 그리고 방송에서 여러 차례 주장했다.

"처음엔 고소하려고 했어요. 해외에 있는 천안함 생존병이 저 말고 또 누가 있나요. 그 사람은 제게 연락해 사실 확인을 한 적이 한 번도 없어요." (변지민, 2018, 33-34쪽)

변지민 기자는 천안함 문제를 인간이라는 기준에서 보기로 했다. 침몰 원인이 무엇이든 살아남은 장병을 보수와 진보, 두 진영 모두 품지 않는 현실을 짚기로 했다. 보수는 이용했고, 진보는 외면했다는 기사 제목은 이들이 얼마나 외롭고 위태롭게 지내는지를 상징한다. 한겨레21 표지 제목(한국에서 천안함 생존자로 살아간다는 것), 그리고 공동 취재한 한겨레신문의 시리즈 키워드(천안함, 살아남은 자의 고통)는 이념이 아니라 인간을 중심에 놓고 접근하려는 고민의 결과였다. 한겨레21은 첫 면에서 기사 성격과 취재 방법을 다음과 같이 소개한다.

천안함 사건이 벌어진 지 8년이 지났다. 사건 원인을 둘러싼 논란에 초점이 맞춰진 가운데, 그 배에 탔던 사람들의 이야기는 사라졌다. 천안함 생존 장병 58명은 외상후스트레스장애(PTSD)를 겪으면서도 정부와 군, 사회 그 어디에서도 진정한 위로와 도움을 받지 못했다. 보수 세력에겐 이용당했고, 진보 세력에겐 외면당했다.

군대는 이들에게 '영웅'이라는 허울 좋은 칭호를 붙여줬지만 뒤로는 '패잔병'으로 대우했다. 사회적 낙인은 끈질기게 따라붙었다. 직업군인으로 버텨보려 했으나 결국 옷을 벗어야 했던 사람도 있다. 한국에서의 삶을 견디기 힘들어 떠난 사람도 있다.

다른 각도에서 다루려면 산을 자주 넘어야 했다. 변지민 기자는 장병 상태부터 파악했다. 이 중 몇 명의 말만 옮기는 식에서 벗어나고 싶었다. 건강 상태와 고통을 과학적으로 측정하고 보도하기 위해 김승섭 고려대학교 교수(현재는 서울대학교 교수)를 찾았다. 김 교수는 사회역학자다. 차별과 고용불안 같은 사회적 요인이 비정규직과 성소수자 같은 사회적 약자의 건강을 어떻게 해치는지를 주로 연구한다. 쌍용자동차 해고노동자 건강 연구(2015년), 단원고 학생 생존자 및 가족 대상 실태조사 연구(2016년), 한국 트랜스젠더 건강 연구(2017년)가 연구 방향과 특성을 잘 보여준다.

변지민 기자는 취재 초기인 2018년 4월부터 김승섭 교수와 상의했다. 공적서에 따르면 "장기 기획 취재와 과학적 역학 연구가 함께 진행되는 것은 과거 찾아보기 어려운 새로운 방식의 실험"이었다. 취재팀과 연구팀은 10차례 이상 만나서 설문 문항을 만들었다. 장병 이야기를 같이 확인하면서 완성했다고 한다. 여기에 두 달 가까이 걸렸다. 김승섭 교수 역시 처음부터 흔쾌히 시작하지 않았다. 그는 한겨레신문의 시리즈 마지막 회에서 이렇게 썼다.

많이 망설였습니다. 천안함 생존장병들의 경험과 고통에 대한 연구가 사람들에게 어떻게 전달될까. 결국 또 그 소모적이고 지루한 정치적 싸움으로 이어지지는 않을지, 사건만 있고 사람은 존재하지 않는 논쟁으로 이 사람들을 더 아프게 만드는 것은 아닐지 두려웠습니다. (김승섭, 2018)

중요한 고비가 따로 있었다. 장병들 마음을 여는 일이었다. 변지민 기자의 예상과 달리 이들은 정부 발표를 뒤집는 말을 하지 않았다. 오히려 문제를 제기하는 언론이 접근하자 거부감을 드러냈다. 기자와 취재원 사이에 공감대가 생겨야 대화가 잘 되는데, 장병은 한겨레신문이라는 이름을 듣고 장벽을 쳤다.

변지민 기자는 인내심을 유지했다. 설득하며 기다렸다. 관훈 언론상 공적서에는 "〈한겨레〉 등 진보언론을 불신하는 이들에게 '침몰원인 논쟁을 넘어 인권의 문제로 접근하고 싶다'고 세 달에 걸쳐 설득했고, 겨우 마음의 문을 열 수 있었습니다"라고 나온다. 김승섭 교수도 같은 자세였다. 그는 생존 장병에게 편지를 보내 "당신들의 상처에 대해 함부로 판단하지 않고 최선을 다해 질문하고 정확하게 분석할 테니, 그 이야기를 나눠줄 수 없겠냐고 부탁했습니다"라고 한겨레신문 글에서 밝혔다.

한겨레21은 이런 과정을 거쳐 "6월 5일부터 21일까지 '천안함 생존자의 사회적 경험과 건강 실태 조사'(천안함 조사)를 했다. 생존자 중 전역자(32명)를 대상으로 한 이번 조사에는 총 24명이 참여했다. 그 가운데 8명을 최소 3시간 이상 심층 인터뷰했다"라고 보도했다. 정부가 아니라 언론과 연구진이 천안함 생존 장병의 건강 실태 등을 처음 조사했다.

취재 보도 과정을 종합하면 취재원을 인간적으로 대하는 따뜻함, 마음의 문을 열기까지 기다리고 설득하는 인내심, 이들의 이야기를 있는 그대로 전하는 균형감각을 높이 평가해야 한다고 저자는 생각한다. 또 이야기를 듣고 인용문을 나열하는 방식이 아니라 전문가와 함께 실태를 조사하고 심층 인터뷰 결과를 같이 담음으로써 보도가 더 탄탄해졌다고 본다.

한겨레신문은 취재 결과를 한겨레21과 다르게 구성해서 지면에 게재했다. '천안함, 살아남은 자의 고통'이라는 시리즈 키워드를 사용해 2018년 7월 16일과 18일에는 생존 장병 이야기를 1면에서 시작해 8면과 9면에 담았다. 마지막으로 7월 20일에는 김승섭 교수의 연구 뒷얘기와 기사에 대한 반향을 8면에 실었다.

천안함 보도는 민주언론시민연합에서 주는 이달의 좋은 보도상, 올해의 좋은 보도상, 그리고 한국기자협회와 국가인권위원회가 공동으로 선정하는 인권보도상도 받았다. 취재를 주도한 변지민 기자는 당시 한겨레21 소속이었다. 2011년 과학동아에 입사했다가 2017년에 한겨레21로 옮겼고, 2022년에 과학동아로 돌아갔다.

김용균과 김용균

13장

〈개요〉

제목 = 매일 김용균이 있었다

매체 = 경향신문

기자 = 황경상 김지환 이아름 최민지 김유진

보도 = 2019년 11월 21일

수상 = 한국기자상 2019년(제51회) 기획보도 부문,

　　　 관훈언론상 2020년(제38회) 저널리즘 혁신 부문

　신문 1면은 언론사 얼굴이다. 독자 시선이 가장 먼저 향한다. 뉴욕타임스에서는 편집국장을 비롯해 주요 데스크가 모여 다음날 발행할 신문 방향을 논의한다. '1면 제작 회의(page one meeting)'라고 한다. 대통령 선거, 전쟁, 테러, 대형 참사에서는 1면 제작이 피를 말리게 한다. 사상 최초의 남북정상회담, 6.25 전쟁 이후의 첫 남북 교전, 한일 월드컵 4강 진출 같은 초대형 사안에서는 더욱 그렇다. 기사 건수, 톱뉴스 제목과 크기,

사진 배치 방법 등 하나하나가 고민거리다.

경향신문이 이런 1면을 2019년 11월 21일에 파격적으로 만들었다. 전체를 깨알 같은 글자로 채웠다. 제목은 한 줄이다. '오늘도 3명이 퇴근하지 못했다.' 사진은 없다. 대신 뒤집힌 헬멧을 일러스트로 처리했다. 오른쪽 아래에 안내문이 있다. '지난해 1월 1일부터 2019년 9월 말까지 고용노동부에 보고된 중대재해 중 주요 5대 사고로 사망한 노동자 1200명'이라고 설명했다. 글자는 노동자 이름이었다. 한글 또는 영어 대문자로 성(姓)을, 동그라미 기호 2개로 이름을 표기했다. 이어서 괄호 안에는 나이와 함께 몇 글자를 넣었다. 깔림, 떨어짐, 뒤집힘, 끼임, 물체에 맞음…. 사망 원인을 한글로 표기했다.

산업 현장에서는 노동자가 이런저런 이유로 숨진다. 어제오늘이 아니다. 사고는 계속 일어나고, 언론 역시 계속 보도한다. 기사 비중은 사망자 숫자가 결정한다. 한 곳에서 한꺼번에 많이 숨지면 뉴스가 커진다. 여러 곳에서 한두 명 숨지면 작게 처리되거나 아예 나오지 않는다. 경향신문은 주목받지 못한 죽음을 모으기로 했다. 단신 하나하나는 주목받기 힘들지만 전부 모으면 얘기가 달라진다고 판단했다. 사례를 많이 모아서 한 번에 보여주면 기사가 커진다. 뭉치면 살고 흩어지면 죽는다는 구호가 뉴스 가치 판단에 적용된 셈이다.

"하루가 멀다 하고 산업 현장에서 사망하는 노동자의 소식을 전하는 보도가 나오지만 단 건의 보도가 가질 수 있는 파급력은 작습니다. 이 끔찍한 현실을 어떻게 하면 시민들에게 알리는 한편 사회적으로 환기할 수 있을까 하는 고민에 이르렀고, 이들의 죽음을 아카이브화하게 됐습니다." 황경상 기자가 관훈언론상 공적서에서 했던 말이다.

정부는 산업재해 현황을 해마다 발표한다. 산재를 인정받지 못하거나, 특수고용 노동자와 1인 자영업자처럼 산재를 신청하지 못하는 경우는 여기에 포함되지 않는다. 공식 통계만으로는 모든 노동자 피해를 전하기 힘들다는 뜻이다. 취재팀은 고민하다가 노동부가 취합하는 중대재해 보고에 주목했다. 사망자가 1명 이상이거나, 3개월 이상의 요양이 필요한 부상자가 동시에 2명 이상 발생한 중대재해는 사업주가 노동부에 신고해야 한다. 전국 노동지방청과 한국산업안전보건공단은 중대재해를 조사하고 의견서를 낸다.

중대재해 보고 목록은 정보공개를 청구해서 입수했다. 2016년부터 2019년 9월까지의 자료였다. 이와 별도로 더불어민주당 한정애 의원실에 부탁해서 2018년부터 2019년 9월까지 발생한 중대재해에 대한 조사 의견서 1305건을 모두 구했다. 모두 이미지 파일 형식이어서 취재팀 5명이 입력하는데 한 달 반이 걸렸다고 한다.

의견서에는 이름, 나이, 숙련도, 직업뿐만 아니라 사고 상황과 원인이 나온다. 정보공개 청구로 받은 노동부 자료와 의원실을 통해 받은 자료를 대조했더니 내용이 다르거나 빠진 사례가 나타났다. 일일이 확인하느라 보도 전날에야 사망자 숫자를 확정했다. 자료를 입력한 다음에는 분석 작업이 필요했다. 발생 유형, 시간대, 사망자 나이, 숙련도, 업체 규모, 그리고 발생 원인을 정리했다. 이런 과정을 거쳐서 11월 21일 보도가 나왔다.

이름으로 채운 1면은 어디서 착안했을까? 취재 과정에서 캐나다 온타리오주의 직장안전보험위원회(한국의 근로복지공단) 본관 옆에 지난 100년간 주요 산재 사망자의 이름과 사인을 명패 형태로 만들어 놓았다는 사실을 알았다고 한다. 강원 태백 철암 탄광역사촌에는 사망한 탄광 노동자 이름을 벽에 빼곡하게 새겨 놓은 기념물이 있다. 두 가지를 참고해서 지면에 사망 노동자의 이름을 하나하나 새기는 그래픽을 만들기로 했다고 취재팀이 관훈언론상 공적서에서 밝혔다.

3면 위쪽 기사는 '하루에 한 명 떨어져 죽고, 사흘에 한 명 끼어서 죽는다'라는 제목을 사용하면서 추락사가 산업재해에서 가장 흔한 유형인데 안전장치를 갖추지 못하거나, 발판을 설치하지 않고 불안하게 작업하다 떨어져서 생긴다고 지적했다. 아래 기사는 '추락사 절반 부르는 높이 5m 이하의 무방비'라는 제목으로 사다리를 사용하다가 떨어져서 숨진 사고가 1년 9개월간 36건이고, 통념과 달리 숙련 노동자가 이런 사고의 절반 이상이라고 설명했다.

처음부터 아카이브를 목적으로 했기에 취재팀은 인터랙티브 뉴스를 구상했다. 예를 들어 한 명 한 명의 사고를 작은 아이콘

---

1) 사이트는 〈http://news.khan.co.kr/kh_storytelling/2019/labordeath〉, 제목은 〈매일 김용균이 있었다…1748번의 죽음의 기록 - 경향신문〉이다. 경향신문 2019년 11월 21일 1면에는 사망자 1200명 이름을 넣었지만 2면 안내문에는 1305건, 1355명의 자료를 입수했다고 밝혔다. 한국기자상과 관훈언론상 신청서에는 1692명으로 나온다.

형태로 화면에 표시했다. 이걸 누르면 사고 상황을 알 수 있다. 첫 화면에는 1748이라는 숫자가 나온다.[1] 첫 문장, 그리고 아이콘을 누른 뒤에 차례로 나오는 내용은 다음과 같다.

김용균(당시 24세). 2018년 12월 11일 새벽 3시, 홀로 석탄 운반용 컨베이어 벨트를 점검하던 24살 청년이 벨트에 끼어 사망합니다.

그 해 김용균씨처럼 사고성 산업재해로 사망한 노동자는 895명, 매일 3명의 '김용균들'이 일터에서 목숨을 잃고 있습니다.

"죽음의 숫자가 너무 많으니까 죽음은 무의미한 통계숫자처럼 일상화되어서 아무런 충격이나 반성의 자료가 되지 못하고 이 사회는 본래부터 저러해서, 저러한 것이 이 사회의 자연스러운 모습이라고 여기게 되었다." "죽음조차 두려움을 불러일으키지 못하고, 나와 내 자식이 그 자리에서 죽지 않은 행운에 감사할 뿐, 인간은 타인의 고통과 불행에 대한 감수성을 상실해간다." - 김훈 작가, 〈빛과 어둠-김용균 노동자의 죽음에 부쳐〉 중 발췌

한국기자상 심사위원회는 수상 이유를 이렇게 설명했다. "중대재해 사망자 사고보고서를 전수 조사해 한명 한명의 사연에 생명을 불어넣는 혁신적 시도를 통해 너무 만성화해서 오히려 문제의식을 느끼기 어려운 산업재해의 심각성을 강렬한 울림으로 전했습니다. 특히 신문 1면을 1200명 사망자 이름으로만 채우는 파격적인 편집과 함께 개개인의 사연과 사고 상황을 인터랙티브 방식으로 확인할 수 있는 아카이브를 구축함으로써 온·오프라

인이 상호 시너지를 낼 수 있는 성공적 뉴스 모델을 제시했다는 호평을 받았습니다."

문제의식이 치열하고, 자료 수집과 정리 과정이 성실하고, 전달 방식이 참신해서 기자협회보를 포함한 미디어 비평지가 호평했다. 이 보도는 다른 언론사 칼럼에도 잇따라 인용됐다. 첫 보도를 보고 소설가 김훈 씨가 경향신문에 특별기고를 보냈다.

나는 오랫동안 종이신문 제작에 종사했지만 이처럼 무서운 지면을 본 적이 없다. '김○○(53·떨어짐)'처럼 활자 7~8개로 한 인생의 죽음을 기록하면서 1천2백 번을 이어 나갔다. 이 죽음들은 한 개별적 인간의 죽음이 아니라, 죽음의 나락으로 밀려 넣어지는 익명의 흐름처럼 보였다. 떨어짐, 끼임, 깔림, 뒤집힘이 꼬리를 물면서 한없이 반복되었다.

과장 없이 말하겠다. 이것은 약육강식하는 식인사회의 킬링필드이다. 제도화된 약육강식이 아니라면, 이처럼 단순하고 원시적이며 동일한 유형의 사고에 의한 떼죽음이 장기간에 걸쳐 계속되고 방치되고 외면될 수는 없다.[2]

기획 제목에 들어간 김용균 씨는 충남 태안화력발전소에서 일했다. 2018년 12월 10일, 혼자 작업하다가 컨베이어벨트에 끼어 24살에 숨졌다. 어머니는 아들 이름이 들어간 재단을 만들어 비정규직을 위한 노동운동에 나섰다.

김 씨 이름이 들어간 수상작이 또 있다. 일하다가 다친 청년을 한겨레신문이 '살아남은 김용균들'이라는 제목으로 보도했다.

---

2) 시리즈 2회차가 나온 2019년 11월 25일 1면에 실렸다.

144

산재로 노동력을 완전히 상실한 20~30대 중장해인(장해 1~3급) 187명 이야기다. 신문에는 2022년 7월 11일(1면, 4~5면)을 시작으로 4회에 걸쳐 나왔고 온라인에 인터랙티브 코너를 만들었다.[3] 탐사기획팀 정환봉 장필수 김가윤 기자와 사진부 백소아 기자가 이 보도로 한국기자협회의 이달의 기자상(383회 기획보도 신문·통신 부문)을 받았다.

퓰리처상 2022년 수상작에도 산업재해 기사가 이름을 올렸다. 탬파베이타임스(Tampa Bay Times)의 코리 존슨(Corey G. Johnson) 기자가 '중독(Poisoned)'라는 제목으로 2021년 3월 24일 보도했다.[4]

그는 힐즈버러(Hillsborough) 카운티의 학교 수돗물이 납에 오염된 사안을 취재하다가 고퍼리소스(Gopher Resource)라는 회사를 알게 됐다. 플로리다주에서 배터리 재활용 시설을 유일하게 운영한다. 민간기업이라 취재팀이 공장 내부를 볼 수 없었지만 전·현직 직원 80명 이상을 인터뷰해서 독성 물질과 직원의 건강관리 실태를 확인했다. 또 수천 쪽의 회사 문건(이메일, 편지, 컨설턴트 보고서 포함), 연방정부와 주 정부의 지침을 검토했다. 근로자 건강검진 기록은 당사자 동의를 거쳐 확보하고 의료 및 보건 전문가에게 검토를 의뢰했다.

탬파베이타임스는 보도에 50만 달러(약 6억 4000만 원) 이상을 사용했다. 여기에는 기자 세 명이 납 중독 검사 자격증을 따는 데 필요한 수강료가 포함됐다. 회사 지원 덕분에 기자들은 △

---

3) https://www.hani.co.kr/interactive/industrial-accident.
4) 저자가 한국언론진흥재단의 〈신문과 방송〉에 썼던 글을 일부 활용했다. (송상근, 2022)

납 제련으로 인한 공기 오염도가 연방정부 기준보다 수백 배 높다 △ 2014~2018년 근무한 10명 중 8명은 납에 중독돼 신장과 심장질환 위험에 노출됐다 △ 최근 5년간 일한 근로자 14명 이상이 심장마비나 뇌졸중에 걸렸다는 사실을 1년 6개월의 취재로 밝혔다.

이 보도로 존슨은 2022년에 퓰리처상 탐사보도 부문, 그리고 미국뉴스지도자협회(NLA)의 지역보도(Frank A. Blethen Award for Local Accountability Reporting) 부문에서 상을 받았다. 탬파베이타임스는 플로리다주에 있다. 원래 이름은 세인트피터스버그타임스(St. Petersburg Times)다. 퓰리처상을 2021년에 이어 2년 연속으로, 최근 10년 사이에 6회 수상했다.

해바라기 피던 마을

14장

〈개요〉

제목＝환경재난 덮친 익산 장점마을 르포- 17년의 투쟁

매체＝시사IN

기자＝장일호 나경희 이명익

보도＝2020년 5월 12일(시사IN 660호)

집에서 아침에 신문을 보다가 한 곳에 눈을 멈췄다. 동아일보 2019년 11월 15일 1면. 기사 제목은 '담뱃잎 불법처리에…집단癌 죽음의 마을로'였다. "여러 가지 이유로 발병할 수 있는 비특이성 질환(암)에 대해 정부가 역학적 관련성을 인정한 첫 사례다"라고 설명했다. 언론은 처음 또는 최초에 주목한다. 뉴스(news)라는 단어의 어원이 새로운 것(something new)이니 처음 또는 최초에 주목하는 관행은 당연하다. 이런 사안을 뉴스 가치가 높다고 말한다.

한겨레신문과 경향신문 역시 1면에 보도했다. 환경부 발표를

기본으로 하고, 주민을 취재한 내용을 게재했다. 시사IN 기자들은 장점마을 기사가 조간신문에 나온 날, 점심을 먹으며 다음 주 기사를 논의하다가 여기에 주목했다. 누군가 환경부 역학조사 이야기를 꺼내자 장일호 사회팀장이 "여기는 가볼 만한데"라고 했다. 기자는 단순한 현장 르포라고 생각해서 고개를 끄덕였는데 장 팀장은 "가서 한 달 살아보든지"라고 했다(나경희, 2020).

장 팀장은 "기사에 얼굴이 없어"라고 했다. 사람 이야기가 나오지 않았다는 뜻이다. 17년이라는 숫자, 주민 3분의 1이라는 숫자만 보인다. 시사IN은 숫자가 아니라 사람 이야기를 전하려고 현지에서 한 달을 취재하기로 결정했다. 기자가 25명 정도인 주간지에서 3명(취재 기자 2명과 사진 기자 1명)을 한 달 동안 보내기가 쉽지 않다. 취재팀은 사전 취재 등 준비를 거쳐 2020년 2월 20일 장점마을에 갔다. 그리고 3월 1일까지 현지에서 보고 듣고 느낀 내용을 일기처럼 기록했다. 분량은 워드 문서로 53쪽이다. 첫날에는 이런 내용이 나온다.[1]

취재를 준비하면서 책 두 권을 레퍼런스 삼았다. 삼척을 배경으로 한 최은미의 소설 〈일곱 번째 파도〉와 최현숙의 구술생애사 작업 〈할매의 탄생〉이다. 이곳의 사람들이 한 마을에 평생 살면서 경험했던 사소한 것들-그것은 그들에게나 사소하지 나에게는 절대 사소할 수 없을 것이다-을 기록으로 남기고 싶다. 농촌은 점점 작아지고, 사라진다. 가까이서 지내는 동안 그 사라지는 이야기들을 채집하고 싶다. 어르신들의 말처럼 장점마을이 '암 마을'로만 기억되지

---

1) 취재일지를 제공한 시사IN에 고마움을 전합니다.

않기를 나 역시 바란다.

　에니 아르노의 〈세월〉의 한 문장을 내내 붙잡는다. "사건은 서사가 되기 전에 사라졌다." 그러지 않으려면 누군가는 뒤에 있어야 한다. 정부와 사회가 약속했던 후속조치가 잘 이뤄지고 있는지를 지켜보고 싶다고 했지만, 아마 그럴 수는 없을 테다. 가장 뒤는 아니더라도 조금 뒤에서 나는 사람을 뒤쫓는다. 이곳의 사람들과 부대끼는 동안 방법을 찾을 수 있기를 바란다.

　취재팀은 주민 88명 가운데 85명을 만났다. 병원에 있던 3명만 만나지 못했다. 현지에서는 주민대책위원장인 최재철 씨 집에서 지냈는데 숙박료를 냈다. 주민이 처음부터 협조적이지는 않았다. 17년이 지나는 동안, 최 씨는 언론 인터뷰를 1000번은 한 거 같다고 했다. 정부와 지방자치단체, 회사와 언론에 수없이 호소했는데도 외면받았다고 했다.

　사흘째인 2월 12일, 취재팀이 문봉학 씨(79)를 만났다. "갑상선암과 전립선비대증을 앓고 있는 문 할아버지는 카메라 촬영을 한사코 거부했다. 둘째 사위가 기무사에서 일하는데 언론에 나면 사위나 사돈댁 보기 민망하다고 했다." 할아버지의 아내(최정녀 씨·74)는 금강농산에서 4~5년간 일한 적이 있다. 취재팀은 "무엇보다 한 때 '내부자'였던 최 할머니의 목소리가 이번 기록에 중요할 거라는 생각이 들었다"고 기록했다.

　이정수 씨(73)는 언론에 대한 불신 또는 실망감을 이렇게 표현했다. "취재 이거 해봤자 뭐혀. 내가 인터뷰도 많이 했는디,

다른 사람들도 다 똑같은 얘기들 할건디, 그럼 다 나왔잖여. 뭣
하러 한 달이나 여기 있어. 내가 볼 때는 시간낭비여." 세월이
흐르는 동안, 주민 대부분이 가족을 잃거나 병에 시달렸다. 상처
는 시간이 지나면서 단단해졌다. 다른 주민 이야기.

김정순 할머니(장점길 49-2, 남편 고 채점석 암으로 사망)는 인
터뷰를 못할 것 같다. 이집 저집 다니는 할머니를 졸졸 따라다니면
서 오전 내내 공을 들였는데 당신 집에는 절대 들어올 수 없다고 했
다. 잘 모르는 '남욕'만 실컷 들었다. 갑자기 걱정됐는지 아무데도
전하지 말라고 해서 '그런 건 취재에 포함 안 된다'라고 안심시켰
다. "할어버지 얘기는 뭣허러 해. 하면 마음만 아픈 걸. 제발 나 좀
괴롭히지 마." (취재일지 22쪽)

시골 주민은 언론을 잘 모른다. 정부나 대기업의 홍보 담당자
와 달리 자기주장을 보도자료로 정리하거나 공식 인터뷰를 했
던 경험이 거의 없다. 마을을 찾은 기자에게 차근차근, 일목요연
하게 설명하지 못했다. 사정이 이러니 언론을 상대적으로 잘 아
는 취재원을 만나고는 취재팀이 이렇게 기록했다. "이후 처리
와 관련해서는 별도의 보도가 없어 임형택 시의원에게 전화를 걸
었다. 정말 오랜만에 들어보는 조리있고 간결한 설명이었다..눈
물." (취재일지, 24쪽)
앞에서 언급한 최정녀 씨는 금강농산에서 근무한 적이 있어서
취재팀이 주목했다. 언론에 대한, 기자에 대한 불신이 강해서 입

을 열지 않았다. 이유는 무엇일까. 최 씨는 2010년경 방죽 물고기가 떼죽음을 당하자 공장 안의 원료를 기자에게 줬다고 한다. "나는 조사하라고 줬지. 근데 다음날 이갑천이 사무실로 오래. 커피나 한 잔 하자고. 근데 나보고 그래, 그거 왜 퍼다 (기자) 줬냐고. 그걸 바로 다음날 아는 거야. 그 얘기를 누가 전했겠어. 기자 안 믿어."(취재일지, 28쪽)

기자들은 취재를 시작하고 열흘이 지나면서 빈집을 포함해 전체 45가구에서 1~2가구를 제외하고는 최소 한 번 이상 만났다. 2월 21일에는 최정녀 씨와 '드디어 마주앉았다'고 취재일지에 담았다. 처음 만난 2월 12일부터 할머니는 입을 열지 않았다. 기무사에 다니는 사위 때문에, 기자에 대한 불신 때문에, 코로나19에 걸릴지 몰라서.

할머니는 취재팀에게 숙소를 내준 최재철 씨와 사촌 사이지만 여러 이유로 기자를 멀리했다. 그러다가 열흘이 지나서는 같이 앉았고, 2월 27일에는 자기 사연을 자세하게 이야기했다. 현지에서 지낸 날이 늘어날수록 이렇게 할머니처럼 많은 주민이 기자를 대하는 모습이 달라졌다. 2월 29일에는 강춘우 씨(40)를 만났다. 기자를 매몰차게 내쫓았던 사람이라고 취재일지 51쪽에 나온다.

마을에서 지내는 시간이 길어지면서 취재팀은 주민과 더 많이 만났고, 더 많이 이야기를 들었다. 기사에 들어갈 내용이 늘어난 셈이다. 고민이 줄지는 않았다. 오히려 다른 고민을 해야 했다.

마을에서 한 달을 지내기로 했던 근본적 이유, 기사를 어떻게 써야 하는지의 문제였다.

장점마을을, 아니 금강농산을 글로 '떠서' 사람들 앞에 어떻게 내놓을 것인가. 독자들이 글을 읽는 동안 무엇을 이해해주었으면 좋겠는가. 돌아갈 날이 가까울수록 잠이 잘 오지 않는다. '방법론'은 물론이고 첫 문장을 어떻게 시작해야 할지 매일 매시간 머릿속에서 썼다 지운다. '이야기가 된다'는 확신은 점점 희미해진다. (취재일지 45쪽)

마을에서 주민과 함께 지내며 들었던 이야기는 시사IN 660호(2020년 5월 12일)에 실렸다. 200자 원고지 258장, 지면으로는 47쪽 분량이었다(고제규, 2020). 첫 6쪽은 도입부에 해당한다. '피해자가 아닌 삶의 주인공'이라는 제목 아래 기사 취지와 취재 과정을 간단히 설명하고 비료공장 내부를 보여준다.

이어서 주민 32명의 얼굴을 2쪽에 게재했다. 정부의 역학조사 결과를 알리는 일간신문 보도에 대해 장일호 팀장은 "기사에 얼굴이 없어"라고 했다. 시사IN은 도입부에서 주민 얼굴을 보여줌으로써 사람 이야기를 전하겠다는 방향을 독자에게 전달한다. 본문은 14~56쪽에 실렸다. 기사 6개를 다음과 같은 순서로 게재했다. 중간에 그래픽과 사진을 4쪽에 걸쳐 실었다.

장점마을 기획

순 서	제 목
14~41쪽	'환경 재난' 마을의 해바라기 꽃 필 무렵
(30~31쪽)	'집단 암'은 왜 발생했을까－숫자와 지도로 보는 장점마을
(32~33쪽)	사진-장점마을 전경
42~44쪽	역학조사는 끝이 아니라 시작이다
46~49쪽	환경문제 전문가 100% 활용하는 법
(48쪽)	성장 대신 선택한 '삶의 질'
50~52쪽	비극의 매 순간 이익을 거뒀다
54~56쪽	장점마을 사건에서 우리가 놓친 것

첫 기사는 장점마을에 생긴 변화를 언급하며 피해를 암시한다. 이어서 마을이 어디인지를 간략하게 소개하고 주민들이 비료 공장인 금강농산으로 인해서 '발암물질에 속수무책으로 노출되었다'고 밝힌다. 다음에는 손평숙 씨(74)를 비롯한 주민 사연이 이어진다. 한 달 가까이 현지에 머물면서, 즉 주민을 밀착취재해서인지 구체적 사례가 많다. 예를 들어 주민 김형구 씨는 부모를 한 날에 잃었다. 지역의 장례식장이 문을 열고 36년 만에 처음 있는 일이라고 나온다. 취재팀과 대화하다가 원두커피가 담긴 잔을 한참 내려보면서 그는 이렇게 말했다.

"꼭 이랬어. 공장에서 나오는 연기 색깔이. 냄새가 얼마나 지독한지 코가 뻥 뚫린다고 해야 하나. 부모님 묻고 공장 올라가서 얼마나 싸웠나 몰라. 내가 쌍욕을 아주 잘하거든. 좀 해도 될랑가(웃음). 이 X같은 새끼들아, 니들이라고 괜찮을 거 같냐!"(장일호 나경희, 2020, 26쪽)

주민 입에서 나온 사투리, 투박한 말투, 욕설은 17년 동안 피해를 겪은 주민의 심경을 있는 그대로 전달한다. 같이 지내야만 들을 수 있는, 날 것 그대로의 현장 분위기다. 취재팀은 금강농산 직원 역시 피해가 있었다고 추정하고 이들을 취재해서 '장점마을 사건에서 우리가 놓친 것'이라는 기사를 함께 실었다.

시사IN은 장점마을 사연을 홈페이지에서 전과 다른 방법으로 실었다. 잡지 기사를 그대로 옮기지 않고 구성과 내용을 다시 편집했다. 드론으로 촬영한 영상도 활용했다. 특별 웹페이지, '장점마을의 17년- 해바라기 꽃 필 무렵(https://jangjeom.sisain. co.kr)'은 5월 11일 선보였다. 첫 파트는 '장점마을에 사는 사람들'이라는 제목으로 주민 13명이 차례로 나온다.

자빠지지 말라고 이름을 '세모'로 지었지(손평숙 · 74)

인터뷰를 1000번은 한 거 같아(최재철 · 59)

하이고, 폭폭하니 못 살아, 아주(하영수 · 78, 김영환 · 82 부부)

하느님은 아시겠죠. 제가 왜 성당에 안 나가는지(이미은 · 57)

서류 몇 장으로 내가 당한 일을 어떻게 다 아느냐(임증자 · 79)

엄마 병실에서 제일 잘 보이는 데 차를 댔어요(박명숙 · 54)

못 배운 시골 사람이라 그런가. 우리 얘기는 아무도 안 들어주는갑다,
  했지(정경례 · 77)

이 마을에서 난 거 아니니까 안심하고 드세요(정지영 · 24)

내가 장점부락 주민인디, 생체실험은 내가 혔다(김성숙 · 75)

아무도 안 알아줘도 큰 일이야. 밥 해먹이니까 싸우는 거지(박순옥 · 71)

이갑찬이 모진 사람은 아니었어. 자기들도 이렇게 될 줄 몰랐을
거야(문봉학 · 79)
공장에서 나온 물 때문에 물고기가 떼죽음 당했는데 그걸 백로가
먹어도 되겠는가(김인수 · 70)

두 번째 파트는 '여전히 장점마을에 남은 문제들'이라는 제목
으로 기사 4건을 △ "이 문제는 우리가 몇 번이고 사과해야 하는
문제다."(정헌율 익산시장) △ 불행의 매 순간 이익을 거뒀다
△ 역학조사는 끝이 아니라 시작이다(오경재 교수 이야기) △ 불행
에는 또 다른 얼굴이 있다(환경문제 전문가 100% 활용하는 법)의
순으로 배치했다. 마지막에는 영상 형식의 미니 다큐가 나온다.
특집 전체를 요약한 내용으로 5분 31초 분량이다.

장점마을 사연은 정부 발표 전부터 지역 언론이 꾸준히 보도
했던 사안이다. 전북일보 김진만 기자가 제보받아 2013년 취재에
나섰다. 그는 주민과 연락을 주고받으면서 기사화했다. 첫 보도
이후에 전북 보건당국이 조사에 나섰는데 오염도가 법정 기준
이하로 나타났다.

주민 기대와 달리 그대로 묻힐뻔한 사안은 2016년 물고기 집단
폐사로 공론화됐다. 지역은 물론 중앙 언론이 잇따라 보도
하고 주민과 지방자치단체가 역학조사를 요구하자 정부는 2018년
조사에 착수했다. 김 기자는 장점마을 사연을 지속적으로 보도한
공로를 인정받아 한국신문협회가 선정한 '2020년 한국신문상'

뉴스취재 부문에서 수상했다. 전북일보 기자의 한국신문상 수상은 1966년 1회 이후 처음이다.

산에 오른 스키 선수

<개요>

제목＝스노우 폴: 터널 크리크의 눈사태(Snow Fall: The
    avalanche at Tunnel Creek)

매체＝뉴욕타임스(New York Times)

기자＝존 브랜치(John Branch)

보도＝2012년 12월 23일

수상＝퓰리처상 2013년 기획 기사(Feature Writing) 부문

여기서 소개할 기사는 '스노우 폴'로 많이 알려졌다. 뉴욕타임
스 홈페이지에 따르면 정식 제목은 '스노우 폴: 터널 크리크의
눈사태'이다. 퓰리처상 홈페이지에는 '산이 움직인 날(The day
a mountain moved)'이라는 표현이 스노우 폴 단어 앞에 나온
다. 지면에는 뉴욕타임스 2012년 12월 23일 일요판에 실렸다.
'산이 움직인 날'이라는 표현이 스노우 폴 단어 아래에 나온다.

개인적으로는 '산이 움직인 날'이라는 제목이 더 마음에 든다.

'스노우 폴'이라는 제목으로는 내용을 짐작하기 힘들다. 호기심을 부르는 효과는 있다. 기사를 읽고 두 단어 제목을 다시 봤다. 읽기 전후의 느낌에 차이가 없다. 지면 제목은 묵직한 느낌이다. 산이 움직이면 어떻게 될까? 역시 호기심을 부른다. 기사를 읽고 산이 움직였다는 표현을 다시 접하면 고개를 끄덕이게 된다. 자연이 얼마나 아름다우면서도 무섭고, 인간이 얼마나 작고 약한 존재인가를 느낀다.

풀리처상 선정위원회는 기획 기사 부문 2013년 수상작으로 '스노우 폴'을 선정하면서 "눈사태로 숨진 스키 선수와 재난을 설명하는 과학을 떠올리게 하는 서사에 대해 수상. 멀티미디어 구성요소를 능숙하게 결합해서 기획이 탄탄해졌다"라고 평가했다(Pulitzer Prizes, 2013).[1] 국내 언론과 학계는 멀티미디어 구성요소의 능숙한 결합에 초점을 맞춰서 호평했다. 텍스트 이미지 비디오 오디오 인포그래픽 등 멀티미디어 기법을 모두 활용해 스토리텔링의 모범사례라고 했다.

기사가 나오고 10년이 지났다. 그 사이에 미국 언론은 물론, 한국언론 역시 멀티미디어 구성요소를 능숙하게 결합한 기획을 많이 선보였다. 국내외를 막론하고 최근의 주요 언론사 수상작은 주제가 좋고, 디지털 기술을 활용해 심층성과 가독성을 높였다는 특징이 있다. '스노우 폴'이 선구자 역할을 했다.

지금 시점에서는 어떤 의미를 갖는가? 멀티미디어 기법은 더 이상 두드러지지 않다. 당시 그래픽 담당자는 '스노우 폴'에서

---

1) For his evocative narrative about skiers killed in an avalanche and the science that explains such disasters, a project enhanced by its deft integration of multimedia elements.

활용한 도구와 기술이 약간 초보적(a bit rudimentary)으로 보인다고 말했다(Bahr, 2022). 저자는 퓰리처상 심사평의 앞부분, 즉 '눈사태로 숨진 스키 선수와 재난을 설명하는 과학을 떠올리게 하는 서사'라는 표현에 주목해야 한다고 생각한다. 당시도 그렇고, 지금도 그렇고 스토리텔링의 탁월성이 핵심이라는 얘기다.

서사가 목적이면 멀티미디어 구성요소는 도구다. 국내에서는 대부분 도구만 강조했다. 분량이 신문 14개 지면으로 길어서일까. 수상 부문의 이름에 나오는 단어, 즉 작법(writing)을 제대로 들여다보지 않았다. 뉴욕타임스가 심사위원회에 제출한 신청서에도 저자 분석을 뒷받침하는 내용이 나온다.

기획 기사 부문의 응모 기준은 다음과 같다: 심사위원단이 작법 수준을 가장 중시하지만, 응모작을 탄탄하게 한다면 멀티미디어 요소도 환영.

[우리 기사처럼] 우수한 작법과 훌륭한 아트 멀티미디어를 전면적으로 결합한 사례를 기획 기사 심사위원회에 제출한 사례가 있었는지 의문이 든다. 그러므로 우리의 온라인 독자들이 그렇게 했듯이 여기에 제출한 링크를 클릭함으로써 여러분이 기사를 경험하도록 권유한다. (New York Times, 2013)[2]

---

2) The guidelines for the Feature Writing category include the following: While juries will place primary emphasis on the quality of the writing, multimedia elements are welcome in order to enhance an entry.

Rarely, we suspect, has there ever been a more fully realized partnership of fine writing and state of the art multimedia put before the features jury, and we encourage you to experience the story the way our online readers did: by clicking on the link submitted here.

퓰리처상 심사기준에 따르면 기획 기사 부문은 작법 수준이 핵심이고, 멀티미디어 구성요소가 있으면 유리하다고 해석해야 한다. '스노우 폴' 기사는 노스텍사스대학교의 메이본저널리즘스쿨이 주관한 〈최우수 미국 신문 내러티브 콘테스트(Best American Newspaper Narrative Contest)〉에서 입선했다. 멀티미디어 요소가 아니라 스토리텔링만으로도 탁월하다는 뜻이다.

기사는 크게 6부로 나뉜다. 순서는 △ 터널 크릭(Tunnel creek) △ 정상을 향해서(To the peak) △ 하강을 시작하다(Descent begins) △ 눈이 뒤덮다(Blur of white) △ 발견(Discovery) △ 말이 퍼졌다(Word spreads). 제목을 단어 2~3개로 만들었다. 기사 내용을 구체적으로 옮기지 않고, 상징적으로 간단히 표현하는 수준이어서 호기심을 부른다. 중간 제목은 없거나 1~2개에 그친다. 국내 신문이 대형 기획에서 주제목-부제목-중간 제목을 많이 넣고, 문장 형태로 길게 만드는 점과 대조적이다.

프로 스키 선수 16명이 산에 스키를 타러 갔다가 3명이 숨졌다. 주인공이 16명이라는 뜻이다. 기자는 이들 동작을 묘사하면서 한 명씩 등장시켰다. 예를 들어 존 스팁터(John Stifter)가 누구인지를 말하고, 그가 리프트로 향하다가 짐 잭(Jim Jack)을 만나는 장면을 보여준다. 둘 관계를 언급한 다음에는 잭에 대해 자세히 이야기한다. 다음은 잭이 팀 완겐(Tim Wangen)과

마주친다. 완겐은 스팁터와 아는 사이다. 글이 이렇게 흐르니 스팁터-잭-완겐의 관계가 자연스럽게 보인다. 이렇게 연결하면 16명이 어디서 자랐고, 무슨 일을 했으며, 스키장에 어떻게 왔는지, 어떤 관계인지를 자연스럽게 알게 된다. 문장의 힘으로 영상 같은 효과를 거둔 점이 인상적이다.

눈사태는 2012년 2월 워싱턴주에서 일어났다. 자연재해이지만 기자는 인재(man-made disaster)임을 말하려고 프로 스키 선수들이 기상 예보를 무시했음을 전한다. 눈사태는 어느 정도인가? 도입부(파트 1)에서 여성이 눈에 휩쓸리는 상황을 다음과 같이 썼다.

사우그스타드는 미라처럼 못 움직였다. 몸이 바닥을 등졌고, 머리가 내리막 쪽으로 향했다. 고글이 벗겨졌다. 장식용 코걸이는 뽑혔다. 그녀는 가슴에 눈이 짓누르는 압력을 느꼈다. 다리를 움직일 수 없었다. 부츠 한 짝은 여전히 스키에 붙어 있었다. 얼음에 처박혀서 머리를 들지 못했다. (Branch, 2014, p.117)[3]

묘사가 독자 눈에 현장을 보여주는 기법이라면 비유는 독자 머리에 현장을 떠오르게 하는 기법이다. 기자는 산이 정상에서부터 아래로 쓸고 내려오는 상황을 '자동차 1000대보다 많은 크기(size of more than a thousand cars)'라고 하거나 '미식축구 경기장보다 길고, 너비는 비슷하다(longer than a football

---

[3] Saugstad was mummified. She was on her back, her head pointed downhill. Her goggles were off. Her nose ring had been ripped away. She felt the crushing weight of snow on her chest. She could not move her legs. One boot still had a ski attached to it. She could not lift her head because it was locked into the ice.
기사 출처는 Branch(2014)를 기준으로 표기했다. 메이본저널리즘스쿨이 2013년 수상작을 모아서 출간했다.

field and nearly as wide)'라고 표현했다. 미식축구장 규모
(길이 109.72m, 폭 48.77m)는 대다수 미국인 머리에 바로 들
어온다.

뱃머리의 바다 물결 같았다, 피해자를 삼켰고 뱉었다, 파친코
기계의 핀이 떨어져 나간 것 같았다…. 이런 비유를 곳곳에 배치
해서 이해를 돕는다. 구체적 장면이 떠오를 만한 표현을 자주 사
용할수록 많은 정보가 독자 머리에 쉽고 빠르게 들어간다. 비유
를 정확하게 하려면 비유할 대상을 정확하게 알아야 한다. 비유
대상을 정확하게 취재했기에 비유할 문장을 정확하게 찾았다.

인용문 역시 묘사와 비유 같은 효과가 생기도록 활용했다. 사
우그스타드는 프로 스키 선수다. 일반인보다 눈 위에서 자유자재
로 움직이는 능력이 있다. 그렇지만 눈을 두려워한다. 허리케인,
토네이도, 번개 같은 자연 현상과 달리 눈사태가 어떤 예고를 하
지 않는다면서 기자는 다음과 같은 인용문을 배치했다.

　　"바다에 나가서 수영하면 바다는 항상 살아 움직인다"라고 사우
　　그스타드가 말했다. "(바다가 살아있음을) 느낄 수 있다. 하지만
　　산은 잠든 듯이 느껴진다."(Branch, 2014, p.147)[4]
　　"내게 벌어지는 일을 통제할 능력이 없었다"라고 사우그스타드
　　가 말했다. "나는 여기저기로 계속해서 내던져졌다. 세탁기 안에
　　있는 것 같았고, 전신이 여기저기로 흔들렸다. 어디가 위쪽인지 알
　　지 못했다. 또 어디가 아래쪽인지 알지 못했다. 아무것도 보지 못했
　　다."(Branch, 2014, p.150)[5]

---

4) "If you swim out in the ocean, the ocean's always alive," Saugstad said. "You
can feel it. But the mountains feel like they're asleep."

기자는 현장에 없었다. 눈사태를 직접 보지 못했다. 대신에 당사자 대부분을 만났고 기록 수천 쪽을 입수했다. 취재원의 말과 자료를 활용해서 상황을 재구성하고 등장인물의 심경과 대화를 전했다. "그녀는 그때 자기 입 안에 눈이 가득했다고 말했다"라고 하지 않고 "그녀의 입에 눈이 가득 찼다. 눈은 용암처럼 밀려왔고 곧바로 딱딱하게 얼어붙었다"라고 했다. 글로 옮긴 현장은 홈페이지 사진과 동영상에서 확인된다. 독자는 문장력이 뛰어난 소설과 영상미가 탁월한 영화를 기사에서 동시에 즐기는 셈이다.

미국 언론은 기사에 대한 설명을 알림 기사(About this story)에 반영한다. 국내 언론보다 상세하게 취재부터 보도까지, 모든 과정을 담는다. 지면과 온라인 기사는 그런 과정의 결과물이다. 과정과 결과를 함께 알면 독자가 기사를 더욱 잘 이해한다. '스노우 폴'의 알림 기사를 요약하면 이렇다.

· 취재에 6개월 이상이 걸렸다.
· 모든 생존자, 사망자 가족, 공무원, 전문가를 만났다.
· 경찰, 부검의, 공원 순찰대의 사고 보고서와 911의 전화 통화 40건을 검토했다.
· 스위스의 연방기관인 강설 및 산사태 연구소가 사고기록과 목격자
  설명을 토대로 컴퓨터 시뮬레이션 자료를 만들었다
· 킹 카운티의 GIS 센터, 아이오와 주립대의 환경연구소, 미국

---

5) "I had no ability to control what was happening to me," Saugstad said. "I was being tossed over and over and over. It was like being in a washing machine and all my body parts flailing every way. I didn't know which way was up.I didn't know which way was down. I couldn't see anything."

연방 산림청, 전국 산사태 센터를 추가 취재했다.

풀리처상 기획 기사 부문의 2011년 수상작은 '스타 레저 (Star-Ledger)'라는 신문이 보도했다. 제목(The wreck of the Lady Mary)에서 알 수 있듯이 선박 침몰을 다뤘다. 일요 판 특집으로 5부작을 20개 지면에 소화했다. 여기에는 △ 취재를 1월에 시작했고 △ 기자가 7개월 동안 현장을 수십 회 찾아갔고 △ 800쪽 분량의 해안경비대 청문회 자료를 참고했고 △ 해안경비대의 2002~2007년 사고 보고서 2500쪽을 읽었고 △ 누구를 만났거나 누구와 전화 또는 이메일로 접촉했지만 인터뷰를 거절당했다는 내용이 나온다.

'스노우 폴'을 취재하려고 기자는 모든 생존자 그리고 사망자 3명의 가족을 만났다. 또 눈사태가 일어난 곳을 정확하게 이해하려고 지형이 비슷한 알래스카에 강설 분야 과학자와 같이 갔다. 그들 도움으로 눈사태 특성을 파악하고, 흔적을 따라갔다. 이런 노력을 1만 5000개 단어에 담아 뉴욕타임스 일요판(14개 지면)에 게재했다. 이에 앞서 온라인 특별 코너를 12월 20일 홈페이지에 개설했다. 반응은 폭발적이었다. 조회수가 350만을 넘었다. 생존자 아내는 사고 이후 10개월간 가슴에 묻었던 이야기를 매우 구체적이고 아름답게 그려서 고맙다고 했다.

브랜치 기자는 2005년 9월 스포츠 담당으로 뉴욕타임스 기자가 됐다. 프레스노 비(Fresno Bee)에서 2002~2005년에 스포츠 칼럼니스트로 활동했다. 콜로라도 스프링스 가젯(Colorado Springs Gazette)에서는 경제와 스포츠 기사를 차례로 담당했다.

그는 시리즈 '가격을 당하다(Punched Out)'에서 프로 하키 선수끼리의 격렬한 충돌이 뇌 손상과 연관이 있다는 내용을 선수 중심으로 풀었다. 이 보도로 다트상(Dart Award)의 우수 트라우마 보도(Excellence in Coverage of Trauma) 등 다수 언론상을 받았고, 2012년 퓰리처상 기획 기사 부문의 최종 후보에 올랐다.

브랜치 기자는 윤세영저널리즘스쿨의 매체, 스토리오브서울과 2015년에 인터뷰했다. 기사에서 무엇에 중점을 두느냐는 질문에 그는 이렇게 대답했다. "모든 최고의 기사들은 '사람'에 대한 스토리입니다. 예를 들어 저는 'Snow Fall' 기사를 눈사태 스토리로 보지 않아요. 눈사태를 만난 '사람들'에 관한 스토리로 보죠. 가장 최고의 스토리는 감정에 관한 것이고(about emotions), 사람들이 감정의 주체죠(people are the subjects with emotions)." (하지희, 2015)

다시 정리하자. 기자가 멀티미디어 구성을 처음부터 중심에 놓지 않았다. 눈사태를 당한 사람 이야기를 핵심으로 설정했다. 대면 및 전화 인터뷰와 조사를 상당히 많이 하고 나서, 부서 간부와 상의하면서 인터랙티브로 발전시켰다. 한국 언론이 '스노우 폴'을 다시 읽으며 기술이 아니라 취재 보도의 기본을 되새기기를 희망한다. 취재 보도의 기본은 무엇인가? 뉴욕타임스 수상 신청서에 이렇게 나온다.

　　물론 위대한 언론은 - 과거, 현재, 미래에 그랬듯 - 탄탄한 취재와 호소력 있는 작법이라는 기본 요소의 토대 위에 세워졌고, 또 그래야만 한다. 이러한 점에서 브랜치의 성과를 과장하기가 힘들다. (New York Times, 2013)[6]

---

6) Of course, great journalism - past, present, future - has and must be founded on the bedrock components of solid reporting and compelling writing. It would be hard to overstate Branch's performance in those respects.

농민의 눈물

16장

〈개요〉

제목＝무역전쟁의 피해자(The trade war's casualties)

매체＝워싱턴포스트(Washington Post)

기자＝애니 고웬(Annie Gowen)

보도＝2019년 8월 12일

수상＝최우수 미국 신문 내러티브 콘테스트(Best American Newspaper Narrative Contest) 2020년 2등

영화 '워낭소리'에는 팔순 농부, 최원균 할아버지가 주인공으로 나온다. 경북 봉화군 봉화읍에서 평생 땅을 지키며 살았다. 소 한 마리와 30년 세월을 같이 보냈다.

"이 소는 최노인의 베스트 프렌드이며, 최고의 농기구이고, 유일한 자가용이다. 귀가 잘 안 들리는 최노인이지만 희미한 소의 워낭 소리도 귀신같이 듣고 한 쪽 다리가 불편하지만 소 먹일 풀을 베기 위해 매일 산을 오른다. 심지어 소에게 해가 갈까 논에 농약을 치지 않는 고집쟁이다. 소 역시 제대로 서지도 못 하면서

최노인이 고삐를 잡으면 산 같은 나뭇짐도 마다 않고 나른다. 무뚝뚝한 노인과 무덤덤한 소. 둘은 모두가 인정하는 환상의 친구다."[1]

할아버지에게 소가 최고의 친구이자 최고의 농기구라면, 미국 미네소타주의 밥 크로캐크(Bob Krocak)에게는 사료 분쇄기가 최고의 친구이자 최고의 농기구다. 그는 토요일 오전, 기계를 만지며 이렇게 말한다. "너는 오랫동안 훌륭했다."(Gowen, 2021, p.76)[2]

크로캐크는 르 수어(Le Sueur) 카운티에 산다. 나이 64세. 집안이 1888년부터 낙농업을 했다. 사료 분쇄기는 40년 전에 낙농업을 시작하면서 유일하게 새로 샀던 제품이다. 옆에 서서 사람을 대하듯 말하는 이유가 무엇일까. 도널드 트럼프 미국 대통령이 2017년 취임하고 세계를 상대로 무역전쟁을 벌이면서다.

워싱턴포스트 기자는 미네소타주의 몽고메리(Montgomery), 사우스다코타주의 플래트(Platte), 뉴욕주의 버크셔(Berkshire)를 차례로 취재해서 무역전쟁이 농민과 서민에게 어떤 영향을 미쳤는지를 전한다. 노스텍사스대학교의 메이본저널리즘스쿨이 2020년 주관한 〈최우수 미국 신문 내러티브 콘테스트〉에서 2등을 했다. 지면에는 3회 모두 A1면에 게재됐다.

---

1) 인용문은 포털 사이트 '다음'의 영화 코너에서 빌려왔다. (https://movie.daum.net/moviedb/main?movieId=47807.)
2) 기사 출처는 Gowen(2021)을 기준으로 표기했다. 메이본저널리즘스쿨이 2020년 수상작을 모아서 출간했다.

워싱턴포스트 수상작

날 짜	제 목
2019년 8월 12일	무역전쟁의 피해자(The trade war's casualties)
2019년 11월 10일	가족 농장, 상실의 계절(A season of loss on a family farm)
2019년 12월 27일	가족 농장, 도움의 계절(On family farms, a season of need)

첫 무대는 르 수어 카운티다. 크로캐크가 사료 분쇄기를 경매
장에 내놓은 날부터 보여준다. 그는 1년 전에 젖소 128마리를
팔았다. 낙농업이 3년째 손실을 기록했기 때문이다. 현금을 최대
한 확보해서 파산을 피하고, 가업인 낙농업을 계속하고 싶어서
다. 무역전쟁으로 인해 미국 낙농업계는 수출이 막히면서 채무가
늘고 수입이 줄었다. 기사에 따르면 최근 5년 사이에 낙농업자
수익이 1230억 달러에서 630억 달러로 줄었다.

낙농업계 피해를 숫자로 설명하고, 크로캐크 이야기로 돌아간
다. 그는 분쇄기를 6700달러에 구입했다. 경매에서 150달러에
팔린다. 그는 옆에 있던 아내를 보며 한탄한다. "고철값이네. 톱
니바퀴만 해도 그런 가격이 나갈텐데." 이어서 기사 초점을 아내
에게 맞춘다. 등장인물이 자연스럽게 등장한다. 아내는 은행원이
었다. 둘은 40년 전에 만났다. 결혼하려고 하자 여자 집에서 탐
탁지 않게 생각했다. 이러면서 기자는 크로캐크 집안이 체코 이
민자 출신임을 설명한다.

트럼프 취임 전에도 낙농업계가 힘들었다. 공급 과잉으로 유제

품 가격이 낮아졌는데 미국이 멕시코, 캐나다, 중국과 무역전쟁을 벌이면서 더 힘들어졌다. 미네소타에는 313개 낙농업체가 있는데, 크로캐크는 수입이 10% 이상 줄었다. 부부는 가업을 아들 부부에게 물려줄지 고민한다. 무역전쟁 여파는 낙농업자와 연관된 업종에도 영향을 끼쳤다.

　　부부는 중재 모임에서 채권자를 만나야 한다. 거기에 델이라는 농기구 정비업자가 있다. 그는 (크로캐크에게) 2만 8000달러를 받아야 하는데, 지금은 아들이 집을 사는 데 도움을 주지 못한다. 스티브라는 사료 가게 주인(64세)도 있다. 크로캐크에게 받을 31만 1000달러가 남아서 은퇴를 계속 미뤘다. (Gowen, 2021, p.78)

　　아내는 중재인 말을 기억한다. "오늘은 매우 감정이 복받치는 날이 될 겁니다. 모든 분이 크로캐크 가족을 정말로 좋아한다는 사실을 알지요(This is going to be an emotional day. I can see everybody really likes this family)." 아내는 이 말을 듣고 눈물을 흘렸는데, 7개월 지난 시점에서 기자에게 당시를 회상하면서 다시 운다. 채권단 모임을 기자가 보지 못했으니 취재원 말로 재현해야 한다. 언제 어떤 일이 있었고, 누가 무슨 말을 했고, 누가 어떻게 행동했는지를 구체적으로 옮기면 당시 상황이 독자 머리에 떠오른다. 꼼꼼한 취재와 구체적 문장. 두 가지가 모두 필요하다.

　　판로가 막히고, 매출이 줄고, 빚이 늘어나니 경비를 아껴야 한다. 크로캐크 가족은 근로자를 해고하고 소에게 직접 사료를 준다. 아침부터 저녁까지, 쉬는 요일 없이 계속 일해야 한다. 그렇지만 사정은 계속 나빠진다. 우유 매출이 연 100만 달러에서 60만~65만 달러까지 떨어진다. 아들은 이런 상황에서 자살까지 생각하다가 아내 권유로 전문가에게 상담받는다.

애지중지하던 농기계를 경매에서 넘기고 사흘이 지나서 뜻밖의 일이 생겼다. 기자는 작은 기적(a tiny miracle)이라고 표현했다. 연방정부가 보조금을 지급하기로 했다. 기준이 완화되면서 자격이 생겼다. 액수는 적지만 희망이 생긴다. 채권단 압박은 여전하다. 크로캐크 아버지의 탄생 100주년을 맞아 가족이 파티를 연다. 저녁 식사를 하고, 밥이 입을 연다. "우리에게 소가 없지만, 농장이 여전히 있다."(Gowen, 2021, p.83)

두 번째 기사는 3개월 뒤에 나왔다. 배경이 사우스다코타주로 바뀐다. 주인공은 앰버 딕숀(Amber Dykshorn). 농촌 가정주부다. 부엌에서 창밖을 보는 장면으로 시작하는데 '한여름'이라는 표현이 나온다. 여름 일을 회상하는 식이다. 기사는 2019년 11월 10일 보도됐다. 취재와 보도 시점에 5, 6개월의 간격이 있다. 무역전쟁 여파를 긴 호흡으로, 폭넓고 정밀하게 취재했다는 얘기다.

미국 농가는 무역전쟁으로 큰 피해를 보았다. 기자는 무역전쟁이 농촌과 농민에게 어떤 영향을 미쳤는지를 다른 측면에서 조명한다. 2017년 연구를 인용해서 농장 소유주와 근로자의 자살 가능성이 다른 직종과 비교하면 3~5배 높다. 실제 자살 건수가 늘었는지는 정확하게 산출되지 않았다고 설명한다. 이어서 농업부가 위기 상담 전화를 확대하고 전문 인력을 지원하기 위해 예산 190만 달러를 처음으로 배정했으며, 특히 극단적 좌절 상태의 농민을 돕는 인력을 훈련 시키려고 시범 사업(45만 달러)을 시작했다고 한다.

연구기관 보고서나 정부 발표만으로 어떠한 사안을 정리하기는 쉽다. 국내 언론에 자주 나오는 기사 유형이기도 하다. 고웬 기자 역시 보고서와 정부 발표를 활용했다. 하지만 여기서 그치지 않는다. 음식으로 비유하면 보고서와 정부 발표는 반찬 수준이다. 메인 음식은 무엇일까? 기자는 인간에게 눈을 돌린다. 무역전쟁 여파를 숫자가 아니라 농민의 삶에서 들여다본다.

연방정부와 주 정부는 보조금을 지급해서 농민을 경제적으로 지원하고, 상담라인과 전문 인력을 확충해서 심리적으로 지원한다. 이런 정책과 제도가 충분할까? 기자는 농촌을 찾아가서 농민을 관찰하고 이야기를 나눈다. 대도시와 비교하면 농촌은 주민 사이에 유대감이 상대적으로 강하다. 같은 지역에서 오래 지내며, 비슷한 일을 하니까 서로를 친밀하게 느낀다. 어려운 상황에서 서로에게 의지하는 원동력이기도 하다. 주민 사이의 유대감은 교회를 통해서 더욱 단단해진다.

앰버 딕슨은 1년 전에 남편을 잃었다. 보험사 비정규직으로 일하며 1년에 1만 8056 달러를 받는다. 남편은 농민이었는데 자살

했다. 딕슨은 주민과 교회에 의지한다. "믿음 없이 누구도 이렇게 헤쳐가지 못해요…그럴 수 있는 사람이 없어요. 희망이 없으니까요. 어떤 희망도 없죠."(Gowen, 2021, p.86) 설교를 들으면서 눈물을 흘린다. 예배가 끝나고 신도들이 안아준다. 주민의 유대감과 신앙심이 그를 지탱하는 힘이다.

이어서 기자는 부부의 옛날로 넘어가 남편을 언제 만났고, 어떻게 살았는지를 보여준다. 둘은 고등학교 시절에 만나서 2004년 결혼했다. 딕슨은 차를 타고 가면서 라디오에서 나오는 노래를 듣는다고 기사에 나온다. 동행하면서 취재했음을 알 수 있다. 말과 행동과 표정과 심리를 자세하게 전달하려면 오래 관찰하고, 많이 대화해야 한다. 딕슨이 승낙했기에 기자가 오래 관찰하고 많이 대화했다.

남편은 총기로 자살했다. 아침에 목장 근처에서였다. 이웃 주민이 처음 발견하고 911에 신고했다. 극단적 선택을 하기 직전, 남편은 "이러면 안 돼(I can't do it)"라는 말을 두 번 했는데, 당시 상황을 기자는 "이웃이 회상했다"라고 표현했다. 주민까지 직접 취재했다는 얘기다. 앰뷸런스가 온다, 딕슨이 달려가서 남편을 안는다, 피가 사방에 흘렀다…. 그리고 유서가 나온다. 7개 문장이다. 기자가 직접 관찰하지 않은 일을 복수 취재원에게 확인했고, 관련 자료를 넣었기에 기사가 탄탄해졌다.

세 번째 기사는 뉴욕주의 버크셔를 배경으로 한다. 타이오가 카운티(Tioga County)의 작은 마을이다. 2020년 기준으로 주민은 1485명, 그중 98%가 백인이라고 인터넷에 나온다. 앤 리 (Anne Lee)라는 여성이 주인공이다. 수입이 줄었기에 지출을 줄이려고 필사적으로 노력한다. 남편과 아이 5명 등 가족 7명을 위한 식단에 매달 175달러를 쓴다. 아이들이 먹고 싶은 음식이 있어도 충분히 만들기 힘든 수준이다. 예를 들어 라자냐를 만들고 싶지만 그렇게 하지 못한다.

부부는 농장을 2013년에 물려받았다. 규모는 305에이커(123만 4291㎡ · 37만 3373평)이다. 우유제품 폭락으로 빚이 20만 달러 정도 생겼다. 다른 주민 역시 마찬가지. 아내는 이렇게 말한다. "우리가 원래 전 세계에 식품을 공급하려고 했잖아요. 그런데 우리 식탁에 음식을 올려놓지 못하네요."(Gowen, 2021, p.94) 수입이 줄어서 아내는 푸드 스탬프를 받을지 고민한다. 전에는 생각하지 않았던 일이다. 식사를 준비하면서 큰딸(13살)과 하는 말을 보자.

"엄마, 수프에 넣을 양배추와 후추가 필요해요."
"있으면 아주 좋을 거야, 그렇지? 다음에는 가능할지 두고 보자."

엄마가 아무렇지 않은 듯이 말한다. 속으로는 가슴이 철렁한다. 한 푼이라도 아껴야 한다. 매 끼니가 걱정이다. 어느 날, 식탁에 빵 한 조각이 남았다. 헛간에서 남편과 15살 아들이 돌아오지 않았으니 한 명은 점심으로 샌드위치를 먹지 못한다. 9살 아들이 하나를 더 먹었기 때문이다.

기자는 농민의 삶을 밀착해서 보여주고, 무역전쟁이라는 큰 그림을 다시 자세하게 설명한다. 트럼프 대통령이 멕시코와 중국의 철강 제품에 관세를 매기자, 두 나라가 미국 농산품에 보복관세를 부과했다. 뉴욕주 낙농업계가 직격탄을 맞은 원인이다. 전에는 중산층으로 살았지만, 이제는 서민 또는 빈곤층으로 지내야 한다. 처음에는 배달 피자를 줄이고, 다음에는 창고형 마트 회원권을 없애고, 마지막에는 식단까지 바꿔야 한다.

버크셔 주민의 고단함은 대통령 선거에서 압도적으로 지지했던 후보가 당선 이후에 추진한 무역정책에서 비롯됐기에 아이러니다. 수입이 줄어들자 지출을 줄이다가 서민은 정부 보조금을 기대한다. 농민과 어민 등 19만 7000명이 이용했다. 주인공이 복지센터로 가는 이유다. 그녀는 무료 급식 차량도 찾아가려고 한다. 마음이 편치 않다. 이런 심경을 그는 일기에 담았다.

남편은 모른다. 그가 알면 괴로울까 나도 걱정이다. 그래서 가기가 망설여진다. 사람들이 나를 판단하지 않으면 좋겠다. 누군가 나를 알아보고, 아이들이 알아서 학교에서 험담을 듣지 않으면 좋겠다. 아주 짜증이 나는 일이다. 하지만 도움의 손길이 필요한 사람이 있다고 엄마가 항상 말했다. 도움이 필요하면 이용하고, 남의 도움이 필요하지 않을 때는 남을 돕자. 내가 자원봉사를 할 수도 있다. (Gowen, 2021, p.100-101)[3]

삶이 고단하지만 주인공은 희망을 놓지 않는다. 유제품 값이 앞으로는 오르고, 낙농업계에 좋은 시기가 다가온다고 매디슨위스콘신대학교의 경제학자 2명이 예측했다. 이 내용이 실린 잡지 기사를 주인공이 페이스북에서 보고 큰 소리로 읽는다. 대통령 공약, 정부 정책, 대기업 방침은 국민에게 큰 영향을 미친다. 공약과 정책이 잘못되면 서민 피해가 커진다. 기자는 공약과 정책이 서민과 밀접한 연관이 있음을 전국을 돌며 취재해서 독자에게 전했다.

---

3) Andy doesn't know. I'm afraid if he knows it will upset him. I am so nervous about going. I don't want people to judge me. I don't want someone to recognize me and the kids find out and get picked on at school. It is very nerve-racking. But my mom always said it's there for people that need a helping hand. Use it when you need to and help support it when you don't. So maybe I can help volunteer.

후계자의 변화

17장

〈개요〉

제목＝데렉 블랙의 보수주의 여정(The white flight of
Derek Black)

매체＝워싱턴포스트(Washington Post)

기자＝엘리 새슬로우(Eli Saslow)

보도＝2016년 10월 16일

수상＝미국신문편집인협회(ASNE) 2017년 사회적 다양성
(Diversity) 분야

기사는 2008년 11월 시점에서 시작한다. 민주당의 버락 오바
마 후보가 흑인으로는 사상 처음으로 대통령에 당선됐다. 백인우
월주의자 모임이 미시시피주의 멤피스에서 열렸다. 단체 슬로건
은 이렇다. '백인의 미국을 회복할 투쟁을 이제 시작합시다(The
fight to restore White America begins now).'

제목에 나오는 데렉 블랙(Derek Black)은 19세 대학생이었

다. 청년이었는데도 모임에 초대받아 연설할 정도로 백인우월주의 신봉자였다. 그는 외친다. 정치를 통해 전진하자(The way ahead is through politics), 우리는 이 나라를 되돌릴 수 있다(We can take the country back), 백인을 구하는 위대한 지적 운동이 오늘 시작됐다(The great intellectual move to save white people started today)…. 청중이 열광한다. "일부가 손뼉을 치고, 더 많은 사람이 휘파람을 불고, 곧이어 전체가 환호했다(A few people in the audience started to clap, and then a few more began to whistle, and before long the whole group was applauding)." 세 단어, 손뼉과 휘파람과 환호가 행사장 분위기를 보여준다.

기자는 여기서 앵글을 2016년 여름으로 옮긴다. 공화당의 도널드 트럼프 후보가 연설하며 미국 중심주의를 외친다. 데렉이 8년 전에 주장했다. 하지만 2016년의 데렉은 2008년의 데렉이 아니다. 그는 자신이 주장했던 '백인 말살(white genocide)'을 트럼프가 언급하자 더 이상 이해할 수 없다고 말한다. 이민을 허용하면 백인이 말살된다고 믿는 아버지에게 다양성의 가치를 설명한다. 8년이라는 간격이 있다. 왜 변했을까? 어떤 일이 있었을까? 궁금증을 남기고 기자는 데렉의 어린 시절을 설명한다.

돈 블랙(Don Black)은 아들(데렉 블랙)이 다니는 학교에서 흑인 교사가 흑인 말투(ain't)를 썼다는 이유로 홈스쿨링을 결정한다. 아버지는 이웃에 사는 히스패닉이나 유대인을 강탈자 또는 찬탈자(usurpers)라고 부른다. 도미니카를 점령하기 위해 자동소총과 화약을 배에 가득 실었다가 3년 징역형을 살았다. 교도소에서 웹사이트 제작 기법을 배우고 '스톰프런트(Stormfront)'를 개설한다. 백인우월주의, 백인중심주의를 표방한 최초의 사이트였다. 이용자가 30만 명에 이를 정도였다.

데렉 어머니(Chloe Black)는 백인우월주의 운동을 하다가 돈 블랙을 만나서 결혼했다. 나중에 나오지만 아들이 백인우월주의에서 벗어나자 전화를 받지 않고 집에 오지 말라고 한다. 데렉에게 영향을 미친 또 다른 인물은 데이비드 듀크(David Duke)다. 데렉의 대부이자, 어머니의 전 남편. 듀크 역시 백인우월주의 단체를 이끈다.

환경이 이러니 데렉은 자연스럽게 백인우월주의자로 컸다. 어린이를 위한 '스톰프런트'를 10살에 만들었다. 어느 날, 조롱성 메일을 받았다. 아버지가 사이트 운영을 중지하겠냐고 물었더니 데렉은 그들을 '적(enemy)'이라고 부르며 넘긴다. 백인우월주의자들은 이런 데렉을 자신들의 후계자(heir)라고 불렀다. 데렉은 폭력을 옹호하지는 않았다.

그는 플로리다 뉴컬리지(New College of Florida)에 입학한다. 역사 분야로는 주(州)에서 손꼽히는 대학교다. 분위기가 개방적이어서 동성애자에게 편견이 없는 곳. 집에서만 컸던 아들이 새로운 환경에서 변할지 걱정돼서일까. 부모는 종종 당부했다. "네가 역사를 만들면 좋겠다. 그냥 공부만 하지 말고(We want you to make history, not just study it)."

데렉은 오리엔테이션에 참석한 뒤, 자기 정체를 드러내면 외톨이가 되겠다고 생각했다. 친구를 사귀기 전까지는 백인우월주의를 언급하지 않기로 했다. 하지만 예상하지 못한 일이 생겼다. 어느 학생이 테러리스트 그룹에 대해 검색하다가 데렉 얼굴을 인터넷에서 봤다. 그리고 학교 커뮤니티에 정체를 알리는 글을 올렸다. 많은 친구가 거리를 뒀다. 데렉을 비난하지만 말고, 이해하고 변화시키는 게 학교 정신에 맞다는 의견도 나온다. 데렉은 기숙사를 나와 학교 밖에서 산다.

또 다른 주인공이 등장한다. 매튜 스티븐슨(Matthew Stevenson). 정통 유대교 신자다. 안식일인 금요일마다 자기 아파트에서 식사를 겸해 모임을 한다. 다양한 학생이 참석했다. 개신교 신자, 무신론자, 흑인, 히스패닉. 스티븐슨은 몇 주를 고민하다가 데렉을 모임에 초대한다. 왜 그랬을까? "데렉의 생각에 영향을 미치는데 가장 좋은 방법은 그를 무시하거나 맞서는 게 아니라, 그냥 포용하는 거라고 매튜는 결심했다(Matthew decided his best chance to affect Derek's thinking was not to ignore him or confront him, but simply to include him)."

데렉은 와인을 들고 참석한다. 그가 전에 했던 말을 참석자들은 이미 알았다. 하지만 첫 모임에서는 누구도 언급하지 않았다. 데렉이 아니라 매튜를 생각해서였다. 서로 다른 생각을 한다고 알기 때문인지 분위기가 어색했다. 매튜는 모임을 계속 마련했는데, 참석자가 조금씩 줄어든다. 하지만 식사하면서 가벼운 대화를 나누다 보니 데렉이 KKK나 네오나치와는 다르다는 사실을 친구들이 알게 된다. 참석자가 이전 수준으로 돌아갔다.

데렉도 변한다. 생각이 조금 다를 뿐이지, 전쟁에서 죽여야 하는 적이나 괴물 같은 존재는 아님을 모두가 이해한다. 데렉은 학교 커뮤니티에 글을 올린다. "나는 인종, 신념, 종교, 성, 사회경제적 지위 또는 비슷한 이유로 누군가를 억압하는 일을 지지하지 않는다(I do not support oppression of anyone because of his or her race, creed, religion, gender, socioeconomic status or anything similar)."

따지고 보면 백인우월주의는 데렉에게 신념이라기보다는 문화였다. 부모를 비롯한 주변 인물 영향을 받아서 어린 시절부터 자연스럽게 생긴 가치관이었다. 그런데 생각을 달리 하는 친구를 대학에서 만나면서 고민에 빠진다. 스톰프런트에 썼던 글을 보면서 다시 백인우월주의자가 되려고 했지만, 이제는 스스로를 설득하지 못했다.

졸업을 앞둔 2013년 5월, 백인우월주의를 더 이상 인정하지 않는다고 공개적으로 선언하라고 어떤 친구가 권유한다. 이전까지 데렉은 백인이 가장 우월한 인종이라고 생각했다. 반박 자료를 모아서 다른 친구가 데렉에게 보냈다. 중세 유럽을 공부하다가 데렉 역시 이슬람 문명 수준이 당시에는 유럽보다 더 높았고,

백인이 인종적으로 우월하다는 주장은 사실이 아니라 허구임을 알게 됐다.

데렉은 결국 자신이 더 이상 백인우월주의자가 아니라고 선언했다. 남부빈곤법센터(Southern Poverty Law Center)라는 단체에 메일을 보내 전문을 홈페이지에 게재하게 했다. 가족에게는 충격이었다. 부모는 아들의 변화를 받아들이지 못했다. 아버지는 데렉의 메일 계정이 해킹당했다고 생각했다. 어머니는 전화를 받지 않고, 아버지 생일에 오지 말라고 했다. 듀크는 스톡홀름 신드롬이라고 주장했다.

기사에는 여러 에피소드를 촘촘하게 배치해서 데렉이 변하는 모습을 자연스럽게 이해하게 된다. 기자는 데렉을 비롯한 등장인물 캐릭터를 그들의 말과 글을 통해서 전달한다. 언제, 어디서, 어떤 상황에서 했는지 설명을 통해서다. 취재원이 누구인지 알기 어려운 말이 가끔 나온다. 이런 경우에도 기자는 인터넷 게시글에 붙은 댓글인지, 또는 메일이 언제 어떻게 데렉에게 갔는지를 구체적으로 썼다. '익명의 네티즌에 따르면~' 혹은 '네티즌은 ~ 반응을 보였다' 같은 표현은 사용하지 않았다.

기사는 1면 톱에서 시작해 3개 면에 펼쳐진다. 소설 같은 작법 덕분에 기사가 아니라 데렉 일대기 느낌을 준다. 청년이 변하는 과정은 오바마에서 트럼프로 넘어가는 시대 변화와 교차한다. 아버지는 전에 투표하지 않았지만, 이번에는 트럼프를 지지하겠다고 말한다. 아들은 인터넷에서 정치 퀴즈를 풀었는데 민주당 후

보인 힐러리 클린턴과 자신이 97% 일치한다고 말한다. 부자의
사례를 통해서 미국이라는 국가가 어떻게 흘러갈지를 암시한다.

엘리 새슬로우 기자는 이 기사로 미국신문편집인협회의 사회
적 다양성(Diversity) 부문을 2017년에 수상했다.[1] ASNE는
상의 성격을 이렇게 밝혔다. "무지, 고정관념, 편협성, 인종주
의, 혐오, 부주의, 무관심을 극복한 저널리즘을 상찬한다." 같
은 해에는 퓰리처상 기획 기사 부문에 최종 후보작으로 올라 다
음과 같은 평가를 받았다. "분열되고 다루기 힘들다고 특징지을
만한 국가의 균열, 분노, 실패와 실망을 상술함으로써 휴먼 스토
리를 통해 미국을 섬세하고도 감성적으로 묘사했음."(Pulitzer
Prizes, 2017)[2]

저자가 윤세영저널리즘스쿨에서 이 기사를 소개했다. 어느 학
생이 독후감에 이렇게 썼다. 한 사람의 삶으로 시대를 이해하기!
기사는 백인우월주의자가 많은 현실을 보여준다. 또 반대편 역시
많은 현실을 같이 보여준다. 그 속에서 청년이 이전 가치관에서
자연스럽게 벗어나는 모습이 나온다. 동시에 이런 아들을 부모가
받아들이지 못하는 모습이 같이 나온다. 기자는 어느 편을 들지
않고 현실을 담담하게 전한다.

다양성은 자신과 다른 존재를 전제로 한다. 즉 지역이 다르고,

---

1) ASNE는 1922년 생겼고, 미국뉴스편집인협회(American Society of News Editors)로
2009년에 이름을 바꿨다. 미디어편집인연합(Associated Press Media Editors)과 통합하
면서 뉴스지도자협회(News Leaders Association)로 2019년에 공식 출범했다. 퓰리처상처
럼 우수 기사를 해마다 부문별로 시상한다.
2) It celebrates journalism that overcomes ignorance, stereotypes, intolerance,
racism, hate, negligence and indifference. (ASNE)
   For a nuanced and empathetic portrait of America created through human
stories that chronicled the fissures, resentments, failures and disappointments
that marked a divided and restive body politic. (Pulitzer Prizes)

외모가 다르고, 언어가 다르고, 생각이 다르고, 종교가 다른 존재가 있다는 사실을 받아들여야 공존이 가능하다. 타자(他者)의 존재 자체를 인정하지 않으면 사회적 다양성이 불가능하다. 다른 지역 사람이라는 뜻의 이방인(異邦人)이라는 단어 자체가 인류 역사에서 한때는 혐오와 증오와 억압의 대상이었다.

기자 역시 자신만의 신념 또는 이념이 있을 것이다. 데렉이 한때 받아들였던, 그리고 트럼프가 대변하는 미국중심주의와 백인우월주의에 대해 나름대로 생각이 있을 것이다. 하지만 데렉이 이렇다 또는 저렇다고 말하지 않는다. 데렉의 신념과 행동을 판단하지 않고, 재단하지 않는다. 보여줄 뿐이다. 데렉이 누구였고, 전에는 어떻게 생각했고, 지금은 어떻게 변했는지를 있는 그대로 전달할 뿐이다. 백인우월주의자였던 청년의 삶을 통해 미국이라는 사회가 어떻게 분열됐고, 그러면서도 어떻게 치유해야 하는지를 암시한다.

새슬로우 기자는 다른 기사에서도 인간 개개인의 삶을 통해 정치 경제 사회 등 여러 분야에서 나타나는 시대 흐름을 포착해서 독자에게 전하려 한다. 데렉 기사를 보완해서 단행본 〈증오에서 성장하기: 전 백인우월주의자의 각성(Rising Out of Hatred: The Awakening of a Former White Nationalist)〉을 2018년 출간했다. 이 책으로 데이튼 논픽션상(Dayton Literary Peace Prize for Nonfiction)을 이듬해에 받았다.

그는 언론상의 단골 수상자 또는 후보자다. 푸드 스탬프 정책을 분석한 연중 시리즈로 퓰리처상의 해설 보도 부문을 2014년에 받았다. 또 퓰리처상의 기획 기사 부문에는 최종 후보로 세번(2013년, 2016년, 2017년) 올랐고 2023년에 수상했다. 노스텍사스대학교의 메이본저널리즘스쿨이 주관하는 〈최우수 미국 신문 내러티브 콘테스트〉에도 수상자 또는 최종 후보로 이름이 자주 보인다.

환생, 산화, 표류

<개요>

제 목	환생, 삶을 나눈 사람들	산화, 그리고 남겨진 사람들	표류, 생사의 경계에서 떠돌다
매 체	동아일보		
기 자	임우선 곽도영 김은지 이윤태 이샘물	지민구 김예윤 이소정 이기욱 위은지	조건희 송혜미 이상환 이지윤 위은지
보 도	2021년 2월 1일	2022년 8월 8일	2023년 3월 28일
수 상	관훈언론상 2021년(제39회) 저널리즘 혁신 부문	관훈언론상 2022년(제40회) 저널리즘 혁신 부문	관훈언론상 2023년(제41회) 사회 변화 부문

　히어로콘텐츠는 동아일보가 창간 100주년(2020년)을 맞아서 선보였다. 용어 자체는 일반인과 언론계에 생소하다. 홈페이지 초기화면에 안내문구가 나온다. '동아일보의 레거시를 디지털로 담아낸 보도를 선보입니다.'(동아일보, 2020a) 요약하면 전통매체로서 100년간 쌓은 취재 보도 역량에 디지털 저널리즘을 접목한 콘텐츠다. 기자가 현장에서 취재한 내용을 글과 사진과 그래픽 중심으로 지면에 넣는 데서 벗어나 동영상과 오디오를 포함

한 멀티미디어 요소를 결합해서 온라인에 구현한다.

담당 팀은 정치부 경제부 사회부같은 상설 조직이 아니다. 기자가 여기에 발령이 나면 일상적 취재를 하는 부서와 출입처에서 벗어난다. 기수마다 4~6명이 작품 하나를 전담한다. 1~3기는 회사에서 차출했지만 4기부터는 지원을 받아 선발했다. 주제 선정, 취재 기한, 보도 방식은 팀이 자율적으로 결정한다.

히어로콘텐츠팀 5기는 2022년 3월 15일부터 8월 13일까지 활동했다. 지면에 내러티브 형식의 6회 시리즈(산화, 그리고 남겨진 사람들)를 게재했다. 온라인용으로 〈그들은 가족이었습니다〉와 〈당신이 119를 누르는 순간〉을 제작했다. 관훈언론상 2022년 저널리즘 혁신 부문을 수상했다. 취재팀은 관훈언론상 공적서에서 차별점을 네 가지로 설명했다.

① 내러티브 스토리 연재 형식 기사: 창의적 기사 작법과 뛰어난 문장력

② 지면과 디지털 콘텐츠의 완전한 분리 제작: 새로운 취재, 보도 기법 활용

③ 블라인드 테스트와 집단지성으로 완성한 기사: 언론 환경 변화에 대응한 새로운 취재 시스템

④ 첨단 기술을 활용한 디지털 특화 콘텐츠: 디지털 시대를 반영하는 도전적 실험 (지민구 외, 2022)

시리즈는 순직 소방관 아내의 시선에서 시작해 유가족을 돌보고 예우하는 문화를 짚었다. 프롤로그, 본편(1~4), 에필로그 등

6회가 하나의 이야기로 연결된다. 소설로 비유하면 비슷한 주제의 단편소설을 나열하지 않고, 장편소설 하나를 나눠서 연재한 셈이다. 기자가 취재원을 직접 관찰하고 현장에서 확인한 내용을 중심으로 하면서 과거 이야기는 유가족과 여러 취재원의 인터뷰를 통해 교차 검증하거나 기록, 사진, 영상 등으로 확인한 내용만 담았다.

취재팀은 주요 취재원(유가족) 3명을 중심으로 가족, 친척, 친구, 지인, 직장 동료 등 30여 명을 직접 만나 인터뷰했다. 유가족 감정과 심경을 입체적으로 확인하고 검증하기 위해서였다. 취재원과 신뢰를 쌓으면서도 동화되지 않도록 그들에게 취재 과정이라는 사실을 매번 알렸고, 내용과 상황을 객관적으로 판단하는 역할을 기자 1명에게 부여했다.

또 주요 취재원은 실명으로 처리했고, 미취학 아동은 스스로 의사를 결정할 수 없다는 점을 고려해 정면 사진 노출을 최소화했다. 취재팀이 예의 바르게 대하며 진심을 보이자 유가족 역시 마음의 문을 열었다. 시리즈 주인공인 박현숙 씨는 보도가 나가고 동아일보에 보낸 편지에서 당시 자신이 만난 기자 5명을 하나씩 언급했다.

비바람이 강하던 현충일에 태백에서 흙투성이가 되어 취재하고 대전 현충원 방문 때는 이른 아침 원주에서 대전까지 손수 운전을 하며 함께 했던 지민구 기자님!

여자 기자는 멋있고 카리스마 넘칠 줄 알았는데 27살의 막내 동생 같은 어린 여기자가 '기자가 힘든 직업이구나' 깨닫게 해주었던, 그리고 우리 소윤이와 스무 살 차이 나는 영원한 언니가 되어주었던 이소정 기자님!

이연숙 사모님 댁에 방문하였을 때 '막내 조카가 방문했다' 할 정도로 살갑고 장난기 넘쳐 첫 만남부터 친근한 마음이 생기게 했던. 유난히 무더웠던 7월 초 롯데월드에서 우리 초등학생 아이들 놀이기구 태워준다고 땡볕에서 줄서서 기다리며 자신의 목을 새까맣게 태웠던 이기욱 기자님!

결혼하고 일주일 만에 미국 출장을 다녀왔다며 미국의 추모 문화를 알려주었던. 새 신부가 유가족을 취재하는 모습에 미안한 마음이 들게 했던 김예윤 기자님!

7세 소윤이의 마음을 사로잡아 사진만 찍으면 기분 좋게 촬영을 할 수 있게 해주시고 평생 남을 사진을 찍어주셨던 홍진환 기자님!
(임우선, 2022)

히어로콘텐츠팀은 출범 초기부터 협업 시스템으로 운용했다. 취재 사진 편집 그래픽 같은 신문 직종과 웹 개발자 및 디자이너가 같이 일했다. 취재 보도 및 기사 작성은 학습에서 시작했다. 팀원이 3개월간 매주 1회 모여 스트레이트와 기획 같은 전통적 방식 기사를 내러티브 기사로 새롭게 쓰는 연습을 했다.

취재를 어느 정도 하고 대표 필자를 뽑았다. 4명이 각자 기사를 쓰고 사내 평가위원 7명이 블라인드로 테스트했다. 가장 많은 표를 받은 기자가 전체 초고를 작성했다. 연차와 관계없이 글 실력만으로 대표 주자를 골랐다는 얘기다. 초고가 나오면 4명이 모든 표현과 문장을 함께 수정하며 보완했다. 그리고 대학교수, 소설가, 현직 기자 등 5명에게 보여주고 2차례씩 검증을 받아 3차례 퇴고했다. 데스크와 취재기자 4명도 최종 출고 전에 세 번 모여서 토론하며 기사를 보완했다.

디지털 플랫폼에서는 지면 기사를 웹페이지로 옮기는 수준에서 벗어났다. 〈가족이었습니다〉는 유품(사진)에 얽힌 사연과 추억을 중심으로 11명의 고인과 유가족의 인간적인 면모를 전달했다. 〈119를 누르는 순간〉은 국내 언론 최초로 사물과 장소를 3차원(3D)으로 변환하는 포토그래머트리 기술을 활용했다. 무거운 장비를 착용한 소방관을 3D 그래픽으로 구현하기 위해 마네킹에 소방 장비를 입히고 사진 450여 장을 촬영해 완성했다. 또 전국 소방서에 2.6초마다 신고가 들어온다는 내용을 전달하려고 새로운 자바스크립트 언어를 활용해 웹페이지에서 2.6초마다 빨간 구슬이 떨어지는 모습을 담았다.

산화 시리즈

날 짜	제 목
2022년 8월 8일	프롤로그: 살아있다, 남겨진 사람들의 시간(A1~3면)
2022년 8월 9일	<1> 참아냈다, 남편이 죽어도 울지 못했다(A1~3면)
2022년 8월 10일	<2> 무너졌다, 흐르지 못한 눈물이 곪았다(A1, 4~5면)
2022년 8월 11일	<3> 이어지다, 우리는 서로를 알아봤다(A1~3면)
2022년 8월 12일	<4> 살아간다, 완성된 퍼즐 조각(A1~3면)
2022년 8월 13일	에필로그: 남겨진 사람들을 위한 길

기사 반응은 폭발적이었다. 6회 기사의 페이지뷰(PV)는 회당 평균 51만, 전체적으로는 310만이었다. 보도를 계기로 소방관 유가족은 비영리 단체를 만들어 다른 유가족을 돕는 단체를 추진키로 했다. 국가보훈처와 소방청은 업무협약을 맺어 소방관 유가족을 돌보고 예우하는 사업을 함께 추진하는 중이다. 보훈처가 주최한 소방관 유가족 대상 캠프도 2022년 11월 5~6일 처음 열렸다. 미디어비평지가 호평했다.

히어로콘텐츠, 100세 동아일보를 바꾸고 있다(기자협회보, 2022년 9월 21일, 4면)
동아일보 DNA 바꾸고 있는 히어로콘텐츠팀(미디어오늘, 2022년 9월 21일, 8면)

2기(팀장 임우선) 역시 관훈언론상의 저널리즘 혁신 부문을 2021년에 받았다. 하나의 언론사가 같은 부문의 상을 2년 연속 받았다. 2기는 〈환생〉이라는 타이틀로 장기기증을 다뤘다. 팀에 발령이 나자 기자들은 무엇을 다룰지 고민했다. 코로나19로 모두가 힘들어하던 시기에 무엇을 보도해야 의미가 있을지를 생각했다. 그러다가 장기기증에 눈을 돌렸다. 다음은 관훈클럽 공적서 내용.

그 누구보다 어렵고, 그 누구보다 가진 것 없는 상황에서도 나눔을 선택한 사람들은 누구인가. 이 질문을 쫓다 우리는 장기기증이

란 보도주제에 다다랐습니다. 하지만 막막했던 것도 사실입니다. 기초취재 과정에서 관련 기관 전문가들이나 의료계 관계자들이 하나같이 "꼭 필요한 보도고 좋은 취지지만 취재 자체가 안될 것"이라고 회의적 반응을 보였기 때문입니다. (임우선 외, 2021)

취재는 쉽지 않았다. 특히 뇌사 장기기증은 흔하지 않고, 가족의 죽음이라는 극한 상황에서 취재에 동의하는 경우가 거의 없었다. 또 뇌사 판정부터 이식대상자 선정, 적출, 이동, 이식까지의 전 과정이 전국에서 동시다발적으로 이뤄지기 때문에 물리적으로 취재가 어려웠다. 국내에 장기기증법이 생기고 20년이 지나도록 장기기증 과정을 제대로 다룬 보도가 없었던 이유다. 하지만 취재가 어려울수록 보도할 가치가 있다고 생각했다. 출입처라는 제한된 범위에서 벗어나 특정한 사안, 특정한 주제 하나를 파고드는 히어로콘텐츠팀이 아니면 뇌사자 장기기증을 취재하기 어렵다고 봤다. 취재가 어려웠지만, 어려운 만큼 취재하고 싶은 마음이 들었다.

취재팀은 100일간 126명을 취재했다. 기증인과 가족, 이식을 간절하게 기다리는 환자, 그리고 수술을 담당하는 의료진과 코디네이터가 핵심이었다. 기증하고 일정한 시간이 지난 유가족과 전문가도 만났다. 취재팀은 기동타격대처럼 대기하다가 관련 기관이나 전문가나 유족이 연락하면 현장으로 달려갔다.

장기기증의 오해와 불신을 없애기 위해 법과 제도를 같이 취재했다. 이 과정에서 장기이식법의 예외 조항을 확인하고 취재에 활용했다. 장기기증인 유족과 이식 수혜자는 서로를 알면 안 되는데, 공익 목적이고 양쪽이 동의하면 제한적 정보 제공을 허용한다는 내용이었다. 취재팀은 다른 아동의 장기를 받고 삶을 되찾은 아동을 찾았다. 법의 예외 조항을 인정받아 기증자와 수혜자, 양쪽 이야기를 전한 건 국내 처음이다. 취재팀은 법이 허용하지 않는 내용(이식 수혜자 정보)이 아니면 취재원 동의를 얻어 실명으로 보도하기로 했다.

또 지면과 별도로 만들어 전용 플랫폼에 멀티미디어 콘텐츠를 올렸다. 이를 위해 해외 언론사의 디지털 인터랙티브 기사를 공부하고, 취재기자들이 웹페이지 제작 프로그램을 익혔다. 기사와 사진을 어떤 식으로 배열할지, 동영상은 어떤 식으로 편집할지, 배경의 색감, 글씨 폰트와 크기, 화면의 전환속도까지 고민했다.

'환생' 기획은 지면에 2021년 2월 1일부터 7회로 나뉘어 실렸다. 조회수는 300만이 넘었다. 한국장기조직기증원은 동아일보에 감사패를 전했다. 국내에서 기증을 희망하는 건수가 2020년 4100건에서 2021년에는 10월 기준으로 1만 2489건으로 늘었다. 환생 보도가 영향을 미쳤다고 한다.

조선일보 노동조합은 노보 1면에서 환생에 대해 "한 편의 다큐멘터리 같은 보도를 디지털과 결합해 전달했다"라고 평가했다. 기자협회보, 한국언론진흥재단의 '신문과 방송'이 취재팀 인터뷰와 취재 후기를 실었다. 민주언론시민연합은 '환생'을 '이달의 좋은 보도상'에 선정했다. 보건복지부는 '장기기증 활성화 종합계획'을 발표하면서 취재팀에게 장관상을 수여했다.

히어로콘텐츠는 6기에서 더욱 발전한 모습을 보였다. 응급환자가 제대로 치료받지 못하는 현실을 '표류: 생사의 경계에서 떠돌다'라는 제목으로 보도했다. 의료 시스템이 제대로 작동하지 않아 소중한 생명을 잃는, 말 그대로 절박한 현실을 포착했다. 지면에는 2023년 3월 28일부터 4월 1일까지 게재했다.

표류 시리즈

날 짜	제 목
2023년 3월 28일	<1> 구급차-응급실 밀착 관찰기(A1~3면)
2023년 3월 29일	<2> '골든타임' 놓친 준규 군과 종열 씨
2023년 3월 30일	<3> 준규 군-종열 씨의 '잃어버린 시간'(A1면, A4~5면)
2023년 3월 31일	본보 '표류' 시리즈에 독자들 공감 쏟아져, 의료계 "현장 모습 그대로 기사화" 반향(A12면)
2023년 4월 1일	<4> 수술 의사 없고, 법안은 스톱(A1~3면)

취재팀 노력은 이전 시리즈와 비슷하다. 6개월간 취재했는데 119구급차 동승 허가를 받는데 3개월이 걸렸고, 섭외된 구급차와 응급실에서 37일을 보냈다. 또 의사와 소방대원과 환자를 26명 인터뷰했는데 주인공에 해당하는 환자 2명(14세 이준규 군과 40세 박종열 씨)이 진료를 받으려고 각각 228분과 378분을 길에서 보내는 과정을 1분 단위로 보여주려고 기록 1300쪽 이상을 검토하면서 31명을 인터뷰했다.

보도가 나가자 환자 단체와 의료계는 물론 일반 독자가 뜨거운 반응을 보였다. 보건복지부가 제4차 응급의료 기본계획 (2023~2027년)을 발표했다가 표류 시리즈를 보고 추가 대책을 마련해서 반영했다고 한다. 취재팀은 한국기자협회가 선정하는 이달의 기자상(제392회)을 2023년 5월에, 한국과학기자협회의 상반기 과학취재상을 7월에 수상했다. 그리고 관훈언론상의 사회 변화 부문을 2023년에 받았다.

히어로콘텐츠에는 공통점이 보인다. 1~6기 작품을 일별하니 소수자와 약자를 주로 다뤘다. 1기는 '증발: 사라진 사람들'이라는 타이틀로 실종자 사연을 2020년 10월 5일부터 보도했다. 3기는 '99℃: 한국산 아이돌'이라는 타이틀로 걸그룹 세계를 2021년 7월 20일부터 보도했다. 4기는 '그들이 우리가 되려면'이라는 타이틀로 다문화 현실을 2022년 1월 17일부터 보도했다. 온라인 조회가 대부분 300만을 넘는 등 호평을 받았다. 동아일보는 인터넷 홈페이지에서 이렇게 소개한다.

매일 같이 수많은 기사가 쏟아지지만, 가슴 깊은 곳까지 도달하는 작품을 만나기는 쉽지 않습니다. '히어로콘텐츠'는 독자와의 특별한 만남을 추구합니다. 한 번 마주하면 깊이 몰입하게 되는 기사, 시간이 지나도 기억 속에 남아 잔잔한 여운을 주는 기사를 지향합니다. 〈중략〉
'히어로콘텐츠'는 깊이 있는 저널리즘에 작품성을 가미한 기사입니다. 텍스트를 '읽는' 것을 넘어서 보고 듣고 느끼며 '경험할 수

있는'콘텐츠를 구현합니다. 디지털 공간에서 남다른 참신함과 품
질을 갖춘 기사를 선보이고자 하는 열망을 담았습니다. (동아일보
2020b)

세상이 주목하지 않는 소수자와 약자에 언론이 눈을 돌리고 집
중적으로 보도하는 일은 칭찬받아 마땅하다. 목소리가 없는 이들
에게 목소리를 제공하라! '저널리즘의 기본 원칙'이라는 책에 나
오는 10개 원칙의 하나다. 여기에 충실하다는 점에서도 히어로
콘텐츠는 모범적이다. 하지만 언론이 눈을 돌릴 대상이 소수자와
약자만은 아니다. 대통령, 공직자, 국회의원, 지방자치단체, 대
기업, 군대, 시민단체, 전문가….

히어로콘텐츠가 1기부터 6기까지 오는 동안, 취재 기법이 더
욱 탄탄해졌고 보도 수준이 한층 높아졌다. 팀 운용과 직종 간의
협업 역시 정교해졌다. 이렇게 쌓은 역량을 재검토하고 보완 방
안을 더 고민하면 권력 남용, 예산 낭비, 공직자 윤리 같은 주제
를 심층적으로 다룰 수 있지 않을까. 동아일보만이 아니라 언론
계 전체의 과제라고 생각한다.

스텔스 같은 삶

〈개요〉

제목=소년 이야기(About a boy)

매체=오리고니안(Oregonian)

기자=케이시 파크스(Casey Parks)

보도=2017년 7월 28일

수상=최우수 미국 신문 내러티브 콘테스트(Best American Newspaper Narrative Contest) 2018년 우수작 (Notable Narrative)

미국 노스텍사스대학교의 메이본저널리즘스쿨이 〈메이본 문학적 논픽션 컨퍼런스(Mayborn Literary Nonfiction Conference)〉를 해마다 개최한다. 내러티브 기사에 관심이 많은 기자가 모여서 강연을 듣고 토론한다.

행사를 앞두고 〈최우수 미국 신문 내러티브 콘테스트〉 결과를 발표한다. 1~3등과 우수작(Notable Narrative) 등 10편을 이듬해에 단행본으로 출간한다. 여기서 오리고니안의 파크스가 2018년 우수상을 받았다. 제목은 '소년 이야기'로 3부작이다.

오리고니안 수상작

날 짜	제 목
2017년 7월 28일	1부: 10대 트랜스젠더, 전환점에 서다(A transgender teen at the tipping point·Part 1)
2017년 8월 1일	2부: 10대 트랜스젠더의 수술 여정(Transgender teen's quest for surgery·Part 2)
2017년 8월 4일	3부: 10대 트랜스젠더, 새 삶을 찾아 나서다(Transgender teen navigates his new life·Part 3)

첫 기사는 주인공 제이(Jay)가 여성에서 남성으로 성을 바꾸겠다고 결심하면서 겪는 변화를 다룬다. 두 번째 기사는 성전환 수술을 받는 과정과 이후의 변화를 전한다. 세 번째 기사는 난관을 겪으면서 새로운 삶을 살아가는 모습을 그린다. 수상작을 모은 단행본에서는 41쪽 분량이다(Parks, 2019).[1] 지루한 느낌이 들지 않는다. 극적 요소, 호기심을 부르는 내용을 곳곳에 배치한 덕분이다.

제이는 14살 소녀다. 아니, 소녀로 태어났다. 어머니 그리고 여동생 2명과 같이 트레일러에 산다. 제이가 고등학교에 입학하기 전날의 모습에서 기사를 시작한다. 청소년기에 가슴이 커지자 붕대로 감는 모습이 나온다. 그리고 이어지는 독백. "아직 납작하지 않아."(Parks, 2019, p.228) 남자가 되고 싶은 마음, 학교에서 놀림과 따돌림을 당하지 않을까 걱정한다.

---

1) 기사 출처는 Parks(2019)를 기준으로 표기했다. 메이본저널리즘스쿨이 2018년 수상작을 모아서 출간했다.

시대 분위기부터 보자. 버락 오바마가 연두교서 연설에서 트랜스젠더 단어를 미국 대통령으로는 처음으로 사용했다. 오리건주는 학생 운동선수가 남성 또는 여성, 어느 팀에서 뛸지를 결정하도록 허용했다. 하지만 오리건 시의원은 반대 성(性)을 위한 시설을 사용하는 학생을 협박했다. 도널드 트럼프 대통령은 전임자 정책을 바꿔서 트랜스젠더의 군 복무를 불허하기로 했다. 이런 상황에서 제이가 고등학교에 간다. "그는 선구자가 되기를 바라지 않았다. 평범하게 살고 싶었다."(Parks, 2019, p.229)

그는 12살 때부터 소녀라는 단어가 자기에게 맞지 않는다고 생각했다. LGBT가 나오는 4분짜리 영상을 유튜브에서 보고 커밍아웃을 결심한다. 처음에는 두 여동생(8살과 10살)에게, 다음에는 엄마에게 말했다. 기자는 이렇게 제이로 시작했다가 앵글을 엄마에게로 바꾼다. 16세에 제이를 낳았다. 지금은 29세. "뭐가 잘못됐을까?"(Parks, 2019, p.232) 엄마가 느끼는 당혹감과 절망을 소제목에 담았다. 트랜스젠더 어린이 80% 정도가 학교에서 차별당한다는 글을 읽고는 걱정이 크다. 하지만 제이의 어린 시절을 회상하면서 받아들인다.

기자는 여기서 트랜스젠더 삶이 어떤지를 보여준다. 여성이었음을 숨기기 위해, 즉 '안 보이는 삶(Going Stealth)'을 위해 제이는 학교에서 극도로 조심했다. 체육 시간이 되면 옷을 보건실에서 갈아 입었다. 화장실은 가능하면 사용하지 않았다. 수업에서 LGBT 이슈가 나오면 말을 아꼈다. 소수자나 동성애 모임에 가지 않았다. 또 남의 손이 가슴에 닿으면 여자임을 들킬까 봐 신체 접촉을 최대한 피했다. 그렇지만 어느 여학생이 알아차리고 말한다. "네가 여자애라고 사람들이 계속 얘기하더라." 제이가 조심스럽게 시인하자 여학생은 처음에는 충격을 받았다. 하지만 제이를 달리 대하지 않겠다, 원한다면 무엇이든 말하라고 한다. 이런 말도 덧붙인다. "앞으로 너를 (이렇다 저렇다고) 절대 판단하지 않을게."(Parks, 2019, p.237)

성전환 수술을 위한 약물은 다양하다. 많이 알려진 남성호르몬제(테스토스테론)는 신체 상태를 되돌릴 수 없어서 쉽게 결정하기 어려웠다. 무엇보다 경제적 부담이 상당했다. 1년에 약 2만 달러. 제이 어머니 시급은 10.80달러. 숫자를 통해서 파크스 기자는 성전환의 어려움을 구체적으로 제시한다. 오리건주 보건당국의 결정으로 저소득층이 지원받을 길이 열리자 테스토스테론을 투여하기로 결정했다.

두 번째 기사는 수술받고 제이가 남성으로 변하는 모습을 그렸다. 가슴 제거 수술을 받고 제이는 거울을 피하지 않는다. 오히려 달라진 모습에 미소를 짓는다. 제이의 행동과 표정을 있는 그대로 보여줌으로써 그가 느끼는 감정까지 같이 전달한다. 그는 출생증명서를 고쳐서 법적으로 남성이 됐다(Parks, 2019, p.252).

세 번째 기사는 갈등이 해소되는 국면이다. 수술받은 제이가 일상을 어떻게 보내는지가 나온다. 예를 들어 이성과의 데이트,

진로 고민 등. 가슴 때문에 지난 3년 동안 조마조마하며 지냈는데 이제는 미래를 생각하기로 했다. 첫 기사에 나오듯 선구자가 되기를 바라지 않는다. 평범한 삶을 원한다. 제이의 소망은 마지막 문장이 짧게 보여준다. "그는 완벽해지려고 기다릴 필요가 없다."(Parks, 2019, p.267)

파크스 기사는 내러티브 콘테스트 수상작이다. 내러티브를 국내에서는 이야기체 기사로 번역하는 경우가 많다. 내용은 사실이지만, 구성과 작법은 소설이나 영화나 드라마와 비슷해서다. 미국 언론의 내러티브 기사를 접하고 독자 대부분은 소설을 읽은 듯한 느낌이라고 말한다. 인물이 한 명씩 나오면서 고민과 갈등이 생긴다. 이런 관계를 팽팽하게 끌고 가려고 복선과 반전에 해당하는 장치를 곳곳에 배치한다. 고민과 갈등은 결말 부분으로 흘러가면서 폭발적으로 또는 자연스럽게 해결된다.

문학적 기법을 통해서 읽는 재미를 더하는데, 내러티브 기사는 실화를 바탕으로 한다. 소설은 있을 법한 소재로 이야기를 풀어간다. 내러티브 기사는 있는 그대로의 사실로 이야기를 풀어간다. 이야기가 소설 같아도 허구가 아니라 사실임을 독자에게 설명하려고 미국 언론은 취재 과정과 방법을 기사에 넣거나 보조 기사로 만들어서 제시한다. 오리고니안 역시 '소년 이야기: 우리는 어떻게 취재했는가(About a Boy: How we reported the story)'라는 보조 기사를 홈페이지에 올렸다(Oregonian/OregonLive, 2017).

오리건주 보건당국은 사춘기 성장 억제, 호르몬 투입, 성전환 수술에 필요한 비용을 저소득층에게 지원한다고 2014년 발표했다. 파크스 기자는 이를 계기로 트랜스젠더를 취재하려고 지역 병원에 연락했다. 레거시메디컬그룹의 도움으로 파크스 기자는 카린 셀바(Karin Selva) 박사를 만났다. 셀바 박사는 젊은 트랜스젠더 환자를 50명 정도 치료했다. 이 중에서 제이만 취재에 응했다. 기자는 2015년 1월에 제이 모녀를 만났다. 제이가 테스토스테론을 처음 맞은 직후였다.

기사는 1년 가까운 취재의 결과물이다. 제이는 학교에 가고, 병원에 가고, 운전면허시험을 보고, 가슴 제거 수술을 받았다. 모든 과정을 기자가 관찰했다. 직접 보지 않은 제이의 생활은 친구와 친척 같은 주변 인물 인터뷰, 진료기록, 등장인물이 주고받은 이메일 같은 자료를 활용해서 재구성했다. 제이의 성(姓)과 고등학교 이름은 밝히지 않았다. 미국 사회에서 트랜스젠더를 향한 혐오와 차별과 폭력이 여전하니 제이와 가족을 보호하기 위해서였다. 실명으로 보도하지 못했지만, 이유를 상세하게 설명함으로써 독자에게 신뢰를 얻으려는 노력이 눈길을 끈다.

기사는 성소수자 일상을 전한다. 이들을 특이한 존재로 보거나 특별하게 대우해야 한다고 독자에게 강요하지 않는다. 기자가 성소수자를 어떻게 생각한다고 쓰지도 않는다. 대신에 성소수자가 어떻게 지내는지를 담담하게 보여준다. 울고 웃고 고민하고 즐거워하는 모습을 전한다. 논란을 이야기하지 않고 일상을 소개한다. 성소수자를 대하는 인간적 따뜻함이 기사 곳곳에서 느껴지는데, 기자 개인사와 무관하지 않다.

파크스 기자는 〈부적응자의 일기: 회고와 미스터리(Diary of a Misfit: A Memoir and a Mystery)〉라는 책을 2022년 출간했다. 앤소니루카스상(J. Anthony Lukas Work-in-Progress Award) 수상작이다. 아마존닷컴의 책 소개와 뉴욕타임스 서평을 종합하면 파크스 기자는 루이지애나주에서 태어났다(Hart, 2022).[2]

그는 대학을 다니던 2002년, 여학생과 첫 키스를 했다. 몇 주 뒤 일요일, 교회에 다녀와서 자기가 레즈비언이라고 어머니에게 말했다. 모녀는 아주 가까운 사이였는데, 어머니는 충격을 받았고 실망했다. 목사는 그녀를 죽여 달라고 기도할 정도였다. 보수적 분위기가 특히 강한 디프사우스(Deep South). 분위기가 심상치 않자 파크스는 커밍아웃을 철회한다. 남자와 데이트하겠다고 말하는데, 가족과 지인은 냉랭했다.

그런데 할머니가 딸, 즉 파크스 어머니를 혼내면서 이렇게 말한다. "누구는 핫도그를 먹고, 누구는 생선을 먹는단다." 자기 선택을 포기하지 말고, 견디라는 뜻이었다. 그러면서 손녀에게 뜻밖의 이야기를 했다. 옛날에 남자로 사는 여성이 길 건너에 있었다면서 알아보라고 부탁했다. 할머니가 말한 사람은 소도시의 가수였다. 할머니는 1950년대 초에 루이지애나주의 델하이라는 작은 도시에서 그를 만났다.

---

2) 뉴욕타임스 홈페이지에는 8월 20일 올라갔다. 지면에는 8월 28일 11면에 '남부(Down Home)'라는 제목으로 게재됐다.

파크스는 2009년부터 2019년까지 루이지애나주의 시골을 찾
아다닌다. 가수가 지냈던 곳의 주민, 일기를 맡겼던 지인, 교회
신도, 노후에 머물던 요양원 직원을 만났다. 자신과 허긴스의 삶
을 따라가면서 성소수자 삶을 독자에게 전달한다. 파크스 기자는
워싱턴포스트로 옮겨서 젠더와 가족 문제를 주로 취재한다.

미국에서는 성소수자 기사로 언론상을 받는 경우가 계속
나온다. 세인트피터스버그타임스의 래인 드그레고리(Lane
DeGregory) 기자가 '수잔을 소개합니다(Introducing
Susan)'라는 기사로 미국신문편집인협회의 기획 기사 부문을
2008년 수상했다.[3] 또 밀워키저널센티넬(Milwaukee Journal
Sentinel)의 마크 존슨(Mark Johnson) 기자가 '나, 소년(I
Boy)'이라는 기사를 썼는데, 메이본저널리즘스쿨이 주관하는
〈최우수 미국 신문 내러티브 콘테스트〉에서 2012년 우수작에
뽑혔다. 파크스 기자가 일했던 오리고니안은 기획 기사에 강해서
2017년에만 10개 언론상을 이 부문에서 받았다.

---

3) '수잔을 소개합니다' 기사는 저자가 다른 책에서 다뤘다. (송상근 박재영, 2009, 75-85쪽)

기자의 영혼

20장

<개요>

제목＝베저스에게 워싱턴포스트는 새 영역을 의미한다(For
    Bezos, Post represents a new frontier)

매체＝워싱턴포스트(Washington Post)

기자＝피터 호리스키(Peter Whoriskey) 브래디 데니스(Brady
    Dennis) 킴벌리 킨디(Kimberly Kindy) 홀리 이거(Holly
    Yeager) 세실리아 강(Cecilia Kang) 앨리스 크리츠
    (Alice Crites)

보도＝2013년 8월 11일

워터게이트(Watergate) 보도는 기자에게 로망이다. 20대 기자가 진실을 집요하게 파헤쳐 현직 대통령이 스스로 물러나게 만드는 데 영향을 미쳤다. 기자가 되려는 젊은이, 언론계에 입문한 수습기자가 대부분 제2의 워터게이트 보도, 제2의 밥 우드워드(Bob Woodward)를 꿈꾼다.

펜타곤 페이퍼(Pentagon Papers) 보도와 워터게이트 보도로 워싱턴포스트는 미국 언론계에서 위상이 높아졌다. 이런 신문이 아마존 창업자 제프 베저스(Jeff Bezos)에게 팔렸다는 외신을 읽고, 당시 동아일보 기자였던 저자는 매우 착잡했다. 전통 언론 대명사인 신문. 어느 순간부터인가 앞에 '종이'라는 단어가 들어갔다. 격변하는 디지털 세상, 성장하는 온라인 시장에서 종이라는 단어는 전통 언론이 점점 위축되는 현실을 상징한다. 워싱턴포스트 소식을 듣고 저자는 칼럼을 썼다.

워싱턴포스트가 아마존 창업자 제프 베저스에게 팔렸다는 기사를 읽으면서 〔데이비드〕 쇼를 떠올렸다. 136년의 역사를 자랑하는 신문, 워터게이트 사건 특종 등으로 언론계 최고 영예인 퓰리처상을 47회 수상한 신문. 이런 언론사가 인터넷 기업가에게 매각됐다는 사실은 신문기자인 필자에게 충격이었다.
휴가를 마치고 출근한 7일 오전 신문을 펼쳤다가 뒤통수를 얻어맞은 듯했다. 언론계 동료와 선후배 역시 비슷한 느낌이었다고 입을 모았다. 어느 기자 지망생은 어머니에게서 전화를 받은 일을 얘기했다. (신문 산업이 이렇게 계속 위축되는데) 기자 되려고 계속 공부해도 되냐며 딸을 걱정하시더란다. (송상근, 2013)

현직 대통령을 하야시킨 워싱턴포스트 정신이 계속 이어질까? 퓰리처상 7개 부문을 한 해에 휩쓸었던 실력이 계속 유지될까? 저자는 이런 질문을 하다가 매각 발표 1주일 뒤에 나온 워싱턴포스트 기사를 보고 감명을 받았다고 칼럼에 썼다. 이 장에서 소개할 내용이 당시 워싱턴포스트 기사다. 피터 호리스키, 브래디 데니스, 킴벌리 킨디, 홀리 이거, 세실리아 강, 앨리스 크리츠. 지면을 보니 기자 6명이 취재했다. 호리스키가 썼고, 데니스는 워싱턴주 시애틀에서 취재했다고 나온다(Whoriskey, 2013).

기사는 베저스의 어린 시절에서 시작한다. 할아버지 할머니와 차를 타고 가면서 뒷좌석에 앉았을 때다. 계속 담배를 피우면 할머니 기대수명이 얼마나 줄어들까? 담배 1대를 피우는데 2분정도 걸리고 수명이 그만큼 단축된다는 얘기를 들은 적이 있어서 베저스가 즉석에서 계산했다. 그리고 할머니 어깨를 살짝 치고는 수명이 9년 줄어든다고 말했다. 그는 산수를 잘해서 칭찬받을 줄 알았는데, 할머니가 울음을 터트리며 이상한 침묵이 이어졌다고 회고했다. 할아버지는 차를 세우고 말했다. "얘야, 언젠가 너는 영리하기보다 친절하기가 어려운 걸 알 거다(Jeff, one day you'll understand that it's harder to be kind than clever)."

소년이 나중에 아마존 창업자이자 억만장자가 됐다. 결단력과 영리함(determination and cleverness)으로 가상 세계의 제국을 만들었다고 기사는 표현했다. 그리고 2013년 8월 5일에 워싱턴포스트를 사들이면서 다른 차원의 검증 대상이 됐다며, 신문이 단순한 사업이 아니고 공적 자산(public trust)을 대표한다는 도널드 그레이엄(워싱턴포스트 이사회 의장 겸 발행인)의 말을 소개한다.

이어서 손익 계산을 최우선으로 하는 베저스가 워싱턴포스트 사원에게 보낸 간단한 편지를 인용한다. "워싱턴포스트 가치는 변할 필요가 없다. 신문의 의무는 소유주의 개인 관심사가 아니라 독자에게 있을 것이다([The] values of The Post do not need changing. The paper's duty will remain to its readers and not to the private interests of its owners)."

취재팀은 사양산업으로 여겨지는 신문을 그가 왜 사들이는지, 신문으로 무슨 일을 하려는지가 의문이어서 베저스와 아마존에 인터뷰를 요청했지만 모두 거절했다고 밝힌다. 못 미더운가, 아니면 궁금한가? 새 사주와 기업을 취재하려는 기자들 모습이 신선하다.

기자들은 취재를 거절당하자 베저스를, 그리고 워싱턴포스트를 사들인 동기를 알기 위해, 즉 그가 소유할 워싱턴포스트 미래를 알기 위해 베저스의 과거를 들여다본다. 과거의 베저스가 현재의 베저스를 만들었으니까 현재의 베저스는 미래의 워싱턴포스트를 예측하는 단서라고 생각한 모양이다. 현재의 베저스가 취재에 응하지 않으니 취재팀은 과거의 베저스를 취재하기로 했다. 베저스를 잘 알만한 인물에 집중했다. 기사에는 취재원 13명이 나온다. 모두 실명이다.

① 대니 힐스(Danny Hillis). 캘리포니아주의 발명가이자 미래학자로 베저스 친구

② 엘렌 라타작(Ellen Ratajak). 소프트웨어 엔지니어이자 아마존 초기 직원

③ 제임스 쇼켓(James Schockett). 9살 때, 베저스와 같이 과학캠프 참가

④ 조슈아 와인스타인(Joshua Weinstein). 고교 시절부터 가까운 친구

⑤ 앤디 플레이쉬만(Andy Fleischmann). 옛날 학급 친구. 지금은 코네티컷주 하원의원으로 베저스와 저녁을 자주 하는 사이

⑥ 니컬러스 러브조이(Nicholas Lovejoy). 아마존 초기 직원

⑦ 톰 숀호프(Tom Schonhoff). 아마존의 다섯 번째 정규직 이라고 스스로를 설명

⑧ 쉘 카프한(Shel Kaphan). 아마존의 첫 직원으로 소프트 웨어 엔지니어

⑨ 스펜서 쇼퍼(Spencer Soper). 잡지 기자로 아마존 시리 즈를 2011년 취재 보도

⑩ 리차드 브랜트(Richard L. Brandt). 베저스와 아마존에 대한 책을 출간

⑪ 헨리 블로젯(Henry Blodget). 월스트리트의 애널리스트로 아마존 주식을 띄워준 적 있음

⑫ 캐서린 웨이마우스(Katharine Weymouth). 워싱턴포스트 발행인

⑬ 폴 데이비스(Paul Davis). 아마존 두 번째 직원이자 소프
   트웨어 엔지니어. 취재에 응하지 않았지만 신문에 대한
   베저스 관심을 옹호하는 자기 말을 소개

취재원들은 어린 시절부터 최근까지 베저스와 인연을 맺었다.
다양한 분야, 다양한 직종에서 활동한다. 이들을 통해서 기사는
베저스를 소개한다. 장점도 있고, 단점도 있다. 어린 시절 일화
에 나오는 할아버지는 어린이 때부터 베저스가 영리하되 친절하
지 않음을 시사한다. 하지만 결단력과 영리함으로 세계 1, 2위
갑부가 됐다. 여러 취재원이 어린 시절과 대학 생활을 거쳐 창업
하고 성공하기까지 베저스가 보인 영리함, 결단력, 냉혹함 같은
다양한 면을 알려준다.

기자들은 자기 회사를 사들인 베저스를 일요판에서 1면 톱과
2개 면(A10면과 11면)에 걸쳐 해부했다. 베저스의 장점과 성
과, 그에 대한 비판과 우려를 함께 소개했다. 한국에서 언론이
자기 회사를 인수한 기업 또는 기업인을 대상으로 이런 기사를
쓰는 일이 가능할까? 아니, 이런 기사를 쓰겠다는 발상이 가능할
까? 저자는 당시 칼럼을 다음과 같이 마무리했다.

그럼에도 불구하고 필자는 위로를 받고, 힘을 얻었다. 기자정신
이 무엇인지를 워싱턴포스트에서 다시 확인했으니까. 기자에게 가
장 필요한 자세가 무엇인지를 워싱턴포스트에서 다시 배웠으니까.
실제로는 그렇게 하든 못하든, 기자가 실현할 가치가 무엇인지를

다시 알았으니까. 꿈과 희망과 이상을 간직하기만 해도 기자생활을 더욱 보람 있게 여기고, 독자를 위해 열심히 뛰어야 하는 이유가 충분할 테니….

디지털 격변으로 신문과 방송 같은 전통매체는 영향력을 점점 잃어가는 중이다. 발행 부수와 시청률이 급감하면서 수익이 그만큼 낮아졌다. 국내에서는 정파성과 상업성으로 수용자 불신이 강해졌다. 기자 직업의 이미지 역시 상당히 훼손됐다. 회사 방침과 성향에 맞지 않으면 기자가 조직에서 설 자리가 줄어든다. 광고와 협찬을 위한 영업사원 역할을 국장, 부장, 차장에서 저연차 기자에게까지 요구하는 분위기.

워싱턴포스트의 베저스 기사는 언론의 역할, 기자의 의미, 기사의 가치를 다시 생각하게 만든다. 언론이 제4부로서 독립적 역할을 충실하게 해야 공동체가 건강해진다. 언론과 민주주의는 같이 간다는 말이 있다. 언론의 역할은 기자의 자율성을 전제로 한다. 사실을 있는 그대로 취재하고 보도하는 과정에 기자의 자율성을 회사가, 경영진이 최대한 보장해야 한다는 뜻이다.

동아일보가 창간 100년을 맞아 선보인 히어로콘텐츠를 보자. 1기부터 6기까지 내놓은 작품이 모두 호평받았다. 온라인 페이지뷰는 대부분 300만을 넘었다. 취재원, 독자, 언론계, 학계, 시민단체가 칭찬했다. 비결은 무엇일까? 2기 팀장이 사내보에서 이렇게 썼다.

리뷰도 없고, 발제도 없고, 마감도 없는, 일간지 기자가 된 뒤 처음 겪는 '불안한 자유'에 당혹해합니다. '아⋯. 보도주제를 무엇으로 하지'로 시작되는 고민은 '과연 우리 방향이 맞는 걸까'에 대한 고심으로 이어지고, 취재의 벽에 부딪힐 때마다 '끝까지 잘 할 수 있을까'란 자기질문과 거듭 마주하게 됩니다. 석 달쯤 지나면 슬슬 복도나 엘리베이터에서 마주치는 분들이 "뭘 취재하고 있냐", "대체 언제 돌아 오냐"고 질문합니다. 이쯤 되면 이들은 엘리베이터를 타지 않고 계단을 이용하게 됩니다. (임우선, 2021)

기자들은 불안했다. 고민이 생겼다. 그렇지만 자유를 누렸다. 자유를 누린 만큼 책임감을 느꼈다. 책임감이 노력으로 이어졌고, 노력이 탁월한 작품으로 이어졌다. 회사가 추구한, 깊이 있는 저널리즘에 작품성을 가미한 기사는 회사가 전폭적으로 지원했기에 가능했다. 주제를 고르고, 취재 기한과 보도 방식을 고르는 과정을 스스로 결정했기에 가능했다. 주제 하나에 취재기자를 포함해 인력을 20명 가까이 투입하고, 6개월간 활동하게 허용하는 사례를 국내에서 거의 찾기 힘들다. 워싱턴포스트와 동아일보 사례에서 국내 언론은 무엇을 배울 것인가?

3 부

공감 저널리즘

동아일보 윤상삼 기자는 일본 고베(神戶) 시내에서 자전거를 구했다. 일본 긴키(近畿) 지방을 중심으로 1995년 1월 17일 새벽, 규모 7.2 대지진이 일어난 뒤였다. 첫날에만 1590명이 숨지고, 1017명이 실종되고, 6334명이 중경상을 입고, 건물 1만 채가 파괴됐다. 간토(關東) 대지진으로 1923년 9월에 24만 6000명이 죽거나 다치고 행방불명된 이후로는 가장 큰 도시형 지진이었다(동아일보, 1995).

고베의 한국 총영사관은 공관과 관저 비품이 파손되고 전화 텔렉스 전기 가스가 모두 끊겨 상황 파악에 어려움을 겪었다. 윤기자는 자전거로 고베를 돌다가 조총련계 교민이 모인 곳을 발견했다. 여기서 확인한 조총련계 피해는 민단계 피해와 함께 '한국교민 32명死亡'이라는 제목으로 1995년 1월 19일 1면에 보도됐다.[1]

아즈매트 칸은 미군의 폭격 실상을 취재하려고 이라크, 시리

---

1) 한국 교민 단체는 일본에서 재일본대한민국민단(在日本大韓民國民團 · 약칭 민단)과 재일본조선인총연합회(在日本朝鮮人總聯合會 · 약칭 조총련)로 나뉜다. 민단은 대한민국을 지지한다. 조총련은 일본과 외교 관계가 없는 북한을 위해 사실상 공관 역할을 하면서 지원한다.

아, 아프가니스탄에 갔다. 분석 과정에서 컴퓨터와 SNS를 많이 활용했다. 윤상삼 기자는 정부 발표를 기다리지 않았고, 칸은 정부 발표를 그대로 믿지 않았다. 둘은 출입처가 아니라 현장으로 갔다. 취재 도구가 달랐지만, 정부가 파악하지 못한 사실 그리고 정부가 숨긴 사실을 가장 먼저 세상에 알렸다. 저널리즘의 기본 원칙을 실천해서 진실을 추구하고, 사실 확인에 철저하고, 권력을 감시하고, 공공의 비판과 타협을 위한 포럼을 제공하고, 기사를 흡인력 있게 구성했다(Kovach & Rosenstiel, 2021/2021).

윤상삼 기자가 취재한 재난은 슬픔을, 칸이 취재한 전쟁은 분노를 부른다. 이렇게 감정을 유발하는 주제를 저자는 권력, 죽음, 재난, 약자로 분류하고 언론상 수상작이 어떻게 보도했는지를 검토했다. 일별하고 나니까 공통점이 다섯 가지로 나왔다.

특징 1. 감시한다.

미국 언론인 조사에서 언론의 주요 역할을 물었더니 '정부 주장의 탐사(investigating government claim)'가 매우 중요하다고 78.2%가 대답했다. 또 '복잡한 사안의 분석(analyzing complex problems)'이 매우 중요하다고 68.8%

가 대답했다. '정보의 신속한 제공(getting information to public quickly)'이 매우 중요하다는 답변은 46.5%에 그쳤다 (Willnat & Weaver, 2014).

국내 언론이 '탐사'라고 번역하는 'investigate'는 수사한다는 뜻이다. 검찰과 경찰이 범인을 잡으려고, 국세청이 탈세자를 잡으려고 수사하듯이 언론이 권력 비리, 예산 낭비, 부정부패 같은 사안을 치밀하고 집요하게 취재하고 보도하는 탐사보도 (investigative reporting)가 미국에서 활발해졌다.

탐사가 중요하다는 점에는 언론인과 언론학자 대부분이 동의한다. "기자들은 탐사보도를 다른 커뮤니케이션 수단들로부터 저널리즘을 분명하게 갈라놓은 중요한 원칙으로 확립했다. 저널리즘은 감시견 역할 때문에 만들어졌다. 〈중략〉 감시견 원칙은 단순히 정부에 대한 감시에 그치지 않는다. 이것은 사회 안에 있는 모든 권력 기관들을 대상으로 한다. 정부, 비정부, 기업 등 어느 부문이라도 사람들의 생활에 영향력을 행사한다면 주목 대상이다."(Kovach & Rosenstiel, 2021/2021, 286-288쪽)

한국 언론인도 감시견 역할을 언론의 핵심 기능으로 꼽는다. 한국언론진흥재단이 언론인 2014명에게 물었더니 '정부, 공인에 대한 비판 및 감시(5점 만점에 4.50점)'가 가장 중요하다고 인식했다. 설문 항목은 △ 사회 현안에 대한 정확한 정보 제공 △ 사회 현안에 대한 다양한 의견 제시 △ 사회 현안에 대한 해결책 제시 △ 중요 사회 문제를 의제로 제시 △ 정부, 공인에 대한 비판 및 감시 △ 기업 활동에 대한 비판 및 감시 △ 사회적 약자 대변 등 7개였다(한국언론진흥재단, 2021, 77-79쪽).

독자와 시청자는 어떨까? 전국 3만 138가구, 5만 8936명을 조사했더니 언론의 7가지 역할 중에서 사회 현안에 대한 정확한 정보 제공(5점 만점에 4.09점)과 함께 정부, 공인(국회의원, 고위 공직자 등)에 대한 비판 및 감시(5점 만점에 4.03점)가 가장 높았다. 기대에 비해 수행 정도에 대한 평가가 가장 낮은 항목이 '사회적 약자 대변'과 '정부, 공인에 대한 비판 및 감시'였다(한국언론진흥재단, 2022, 136-138쪽).

감시견 기능은 호기심에서 시작한다. 법을 잘 지키던 시민이 미국 역사상 초유의 의사당 난입에 왜 앞장섰는가? 여성이 가정폭력을 왜 많이 당했을까? 의사와 간호사가 진료 현장에서 왜 많이 숨졌을까? 호기심이 질문으로 이어지고, 해답을 찾기 위한 노력이 탐사를 통해 탁월한 보도로 구체화했다. 의사당 난입, 가정폭력, 의료인 피해를 언론이 탐사와 감시를 통해서 보도하면 국민이 분노하고 슬퍼한다. 감정은 숨긴다고 줄어들거나 없어지지 않는다. 새뮤얼 프리드먼은 이렇게 말한다.

"연민과 동정 등 존엄한 인간으로 가져야 할 가치를 짓밟아서는 결코 안 된다. 그게 중요하다. 즉 저널리즘이란 인간의 풍부한 감성·감정을 꼭꼭 틀어막아버리는 것이 결코 아니다. 되레 거꾸로가 맞다. 감성·감정의 물꼬를 터주고 자연스럽게 흘러가도록 도와야 한다."(Freedman 2006/2008, 64쪽)

감정은 자연스러운 반응이다. 무엇에 대한 분노와 무엇에 대한 슬픔이 자연스러운가? 권력 비리, 예산 낭비, 부정부패, 그리고 불법과 탈법과 위법. 그래서 탐사보도가 "분노를 바탕으로 하는 보도(reporting with a sense of outrage)"라고 불리고, 이러한 작업을 전문으로 하는 탐사기자회(Investigative Reporting and Editors)가 분노를 의미하는 'IRE'를 약칭으로 사용한다(Kovach & Rosenstiel, 2021/2021, 313쪽). 분노하고 슬퍼할 것인가, 분노하지 않고 슬퍼하지 않을지가 아니라 분노와 슬픔을 어떻게 확인하고 어떻게 전달할지가 중요하다.

특징 2. 검증한다

언론이 검찰과 경찰과 국세청처럼 사안을 완벽하게 파악하기는 불가능하다. 수사권을 가졌어도 검경이 실체적 진실을 파헤치고 유죄판결을 이끌기 쉽지 않으니, 언론은 더욱 그러하다. 헌법이 언론 출판의 자유를 보장하지만, 선언 수준이다. 언론 출판의 자유를 뒷받침하는 법률은 존재하지 않는다.

그러면 진실을 어떻게 알아내는가? 뉴스가 100% 사실이 아니라면, 다시 말해 뉴스가 완벽하지 않다면 진실이 아닌가? 미국 기자 2명에게 들어보자. 워터게이트 사건을 보도한 밥 우드워드가 '확보 가능한 최선의 버전(the best obtainable version of the truth)'이라는 표현을 썼다. 칼 번스타인(Carl Bernstein)은 동료였던 우드워드가 이 말을 가장 처음 사용했다면서 '좋은 보도의 본질적 목표(the essential goal of good reporting)'라고 했다(Bernstein, 2005).

다음은 전설적 정치 담당 기자였던 데이비드 브로더(David Broder)의 말이다. 퓰리처상 수상자를 축하하면서 했던 연설이다. "일하면서 생기는 시간과 공간의 압박을 독자에게 정확하게 이해시킨다면 독자의 지적에 수동적으로 대응하기보다 우리의 일이 가진 본질적인 한계와 불완전성을 인정할 수 있다…뉴스가 정확하다고 규정한다면 우리는 동시에 다음과 같은 점을 덧붙일 수 있다. 그 뉴스는 특정한 상황에서 우리가 할 수 있었던 최선의 결과이며, 정확하고 발전된 내용으로 내일 다시 돌아올 것이라고."(Broder, 1987, pp.14-15)

우드워드와 브로더는 언론 보도의 숙명적 제한성 또는 불완전성을 인정한다. 그러면서도 최선을 다하는 자세가 중요하다고 강조한다. 무엇에 최선을 다해야 하는가? 철저한 검증이다. 뉴욕타임스 보도를 보자. 할리우드 제작자가 성행위를 요구했지만 거절했고, 이런 사실을 남자친구에게 알렸다고 여배우가 말했다. 기자는 그대로, 또 곧바로 보도하지 않았다. 여배우 증언이 사실인지를 기자는 30년이 지나서 옛날 남자친구에게 확인했다. 사우스앤드쿠리어는 미국에서 가장 심각한 사우스캐롤라이나주의 가정폭력을 시리즈로 보도하면서 단 한 건의 항의도 받지 않았다고 수상 신청서에서 밝혔다. 두 수상작은 철저한 취재의 결과물이었다.

미국 뉴욕대학교의 미첼 스티븐스(Mitchell Stephens) 교수가 '지혜의 저널리즘(Wisdom Journalism)'을 주창하면서 증거를 중시한 이유도 비슷하다. 그는 취재 장소로 달려가고, 뉴스원을 발굴하며, 확인하고 재확인하는 활동의 중요성을 부인하지 않으면서도 세계에 대해 좀 더 잘 이해하도록 언론이 역할을 해야 한다며 5I를 제시한다. 교양 있고(informed) 지적이며(intelligent) 흥미롭고(interesting) 통찰력 있으며(insightful) 해석적이어야(interpretive) 한다면서 더 많은 연구, 지성, 분별력 그리고 독창성을 권고한다(Stephens, 2014/2015, 219쪽).

스티븐스 교수는 지혜의 저널리즘으로 인정할 수 있을지를 결정하는 여러 불완전한 요소에서 아주 중요한 것 중 하나가 증거라면서(Stephens, 2014/2015, 192쪽) "증거보다 앞서 나가는 저널리즘, 확실하다고 믿을 만한 근거보다 더 확실한 것처럼 주장하는 저널리즘, 오만하고 거침없이 자기 생각을 말하며, 위험한 추측을 할 뿐 아니라, 말하기에 너무 이른 때에도 말하는 저널리즘들이 있다. 난 이런 것들은 현재의 위기를 이겨내도록 인도해 줄 저널리즘이라고 믿지 않는다"라고 강조한다(Stephens, 2014/2015, 195-196쪽).

특징 3. 현장을 찾는다

〈엔리케의 여정(Enrique's Journey)〉이라는 기사가 있다. 6부작으로 퓰리처상 기획 기사 부문을 2003년 수상했다. 14세 온두라스 소년이 미국에 사는 엄마를 찾아가는 과정을 다뤘다. 엄마는 5살 아들을 두고 불법 이민을 떠났다. 로스앤젤레스타임스의 소냐 나자리오(Sonia Nazario) 기자는 취재와 보도에 2년이 걸렸다고 했다.

"나는 소년이 멕시코에 있을 동안 2주 -살아남기 위해, 그리고 국경을 넘어 미국으로 들어갈 길을 찾으려 안간힘을 쓰는 시간이었다- 동안 따라다녔다. 그리고 나는 나중에 노스캐롤라이나에서 소년을 다시 만났다. 그 이후, 나는 소년이 온두라스에서 출발해 과테말라와 멕시코를 거쳐온 길을 되짚어갔다. 나는 소년이 여정에서 만난 많은 사람들뿐 아니라 그런 방식으로 여행한 다른 이주자들을 인터뷰했다. 엔리케는 122일 동안 1만 9300킬로미터를 여행했다. 이는 멕시코 당국이 여러 차례 소년을 붙잡아 과테말라 국경까지 돌려보냈기 때문이다."(Kramer&Call, 2007/2019, 452쪽)

앤 헐(Anne Hull)은 세인트피터스버그타임스 기자 시절에 멕시코 출신 여성이 미국에서 일하는 모습을 취재했다. 그들은 멕시코 중부에서 출발해 노스캐롤라이나 해변까지 나흘 동안 버스를 탔다. 헐 기자가 동행했다. 한밤중에 도착한 여성이 5시간 뒤에 일어나 일하러 가다가 피곤해서 손을 떨었다. 기자는 나중에 이렇게 썼다. "다른 사람한테서 '누군가의 손이 떨린다'는 얘기를 듣는 것과 손이 떨리는 걸 직접 보는 건 완전히 다른 일이다."(Kramer& Call, 2007/2019, 109-110쪽)

당사자에게 옛날이야기를 듣고, 제3자에게 현재 상황을 들으면 생생함이 부족하다. 취재원을 구하고 상황을 재구성하는 과정에 시간이 걸리고 정확성이 떨어진다. 그래서 헐 기자는 동행을 주요 취재 기법으로 활용한다. 같이 따라가면서 관찰하고 이야기를 듣고 질문한다. 그는 이렇게 쓰는 '여정 기사(a journey story)'를 좋아한다고 했다. 어떤 여정인가? "지역을 넘나드는 여정, 인종을 넘나드는 여정, 그리고 계층을 넘나드는 여정이다(A Journey across geography, and a journey across race, and a journey across class)."(Mistreanu, 2012)

자료가 충실하면 현장·현실의 재구성이 탄탄해진다. 한겨레신문이 천안함 장병을 취재하면서 김승섭 서울대학교 교수(보건대학원)와 같이 작업한 이유다. 그는 사회역학자로서 사회적 약자의 건강을 주로 연구한다. 인턴과 레지던트, 콜센터 직원, 해고노동자, 소방공무원, 동성애자, 세월호 피해자, 천안함 생존자. 김 교수는 차별 경험과 고용불안 같은 요인이 건강에 미치는 영향을 분석하고 해법을 제시하기 위해 데이터를 먼저 수집한다. 미국 보스턴 보건대학원의 리처드 클랩 교수 말이 중요한 지침이 됐다고 한다(김승섭, 2017, 108-109쪽).

"당신처럼 나도 데이터를 분석해서 질병의 원인을 이해하는 역학자가 되고자 한다. 그런데 내가 관심이 있는 사회적 약자의 건강에 대한 데이터는 찾기가 힘들다. 그들의 삶이 불안정하고, 정부와 기업은 정치적으로 힘이 없는 그들에게 관심이 없다. 그렇다면 역학자로서 나는 통계적으로 유의미한 데이터가 만들어질 때까지 계속 그들이 병들고 다치는 것을 지켜봐야 하는 것인가?"(김승섭 교수)

"데이터가 없다면, 역학자는 링 위에 올라갈 수 없다. 그러나 역학자가 적절한 데이터를 가지고 있다면 싸움이 진행되는 링 위에서 큰 힘을 발휘할 수 있다."(클랩 교수)

김 교수는 데이터 수집과 분석, 학술 논문 작성, 변화를 위한 논의를 학자로서 자신이 '링 위에 올라가는' 방법이라고 표현했다. 약자가 고통을 당하고 건강을 해친다. 문제를 개선하기 위해 역학자는 건강과 사회적 요인의 관계를 규명해야 한다. 데이터는 이런 역할을 돕는 수단이다. 데이터가 정확하고 풍부하면 보도가 설득력을 갖는다.

특징 4. 투명하다[2]

넷플릭스에서 '테이크 원'이라는 다큐멘터리를 봤다. 홈페이지에는 "최고의 아티스트들이 '생애 가장 의미 있는 단 한 번의 무대'를 만들어 나가는 과정을 담은 리얼 음악 쇼"라고 나온다. 인생 무대를 위해 제작진이 전폭적으로 지원하고, 가수는 모든 역

---

2) 저자가 한국언론진흥재단의 〈신문과 방송〉에 섰던 글을 일부 활용했다. (송상근, 2023)

량을 쏟는다.

다큐멘터리는 노래 한 곡을 부르기까지의 과정을 중심으로 만들었다. 가수 비가 나오는 회차는 전체 방영 시간(57분 52초)에서 13분 정도를 제외한 나머지가 무대에 나서기까지를 다룬다. 관객 1000여 명은 신청자 2만 4000명 중에서 선발했다. 가수와 댄서와 관객이 모두 검은색 복장과 검은색 선글라스를 썼다. 노래 완성도 못지않게 제작진과 관객 열정이 흥미로웠다. 국내 언론은 취재와 보도 과정을 '테이크 원'처럼 자세하게 설명하지 않는다.

조국 법무부 장관 후보자의 딸이 고교 때, 대학 연구소에서 인턴을 2주간 하고 의학논문 제1저자로 등재됐다고 동아일보가 2019년 8월 20일 보도했다. 취재팀은 한국기자협회가 주관하는 이달의 기자상을 신청했다. 심사위원회에는 전현직 언론인과 학자가 참여했다. 기사를 보는 눈이 다르고, 정치 성향 역시 마찬가지여서 심사단계별로 논쟁이 치열하다.

취재 과정은 공적설명서로 알았다. "나의 진보적 가치와 아이의 행복이 충돌할 때 결국 아이의 행복을 위해 양보하게 되더라." 9년 전 기사를 보고 "아이의 행복을 위해 소신을 양보하게 했던 실체에 대한 호기심이 취재의 시작"이었다고 기자는 밝혔다. 이어서 조국 후보자 딸의 자기소개서를 구하고, 의학 논문을 찾고, 공동 저자를 확인하고, 당사자를 만났다. 심사 결과는 만장일치에 가까웠다.

다음은 서울신문 기획, '간병살인 154人의 고백'이다. 첫 기사는 2018년 9월 3일 나왔다. 1면 두 번째 단락에서 취재 방법을 6개 문장으로 설명한다. 같은 날짜 3면 오른쪽에는 '어떻게 분석했나'라는 안내문이 있다. 간병살인을 어떻게 규정하고, 가해자와 피해자 숫자를 어떻게 파악했는지를 400자 정도로 정리했다. 탐사기획부가 간병을 키워드로 해서 판결문을 구하는 과정이 얼마나 힘들었는지를 기사만으로는 알기 힘들다.

조국 후보자 보도와 간병살인 기획 모두, 기자의 성실함과 취재의 치열함이 심사위원회와 언론계만 아는 공적설명서에만 나오는 점이 당시도, 지금도 아쉽다. 두 보도는 이달의 기자상에 이어 한국기자상과 관훈언론상까지 받았다. 이렇게 우수한 작품이 어떻게 나왔는지를 국내 언론은 기사에 넣지 않거나, 안내문으로 짧게 처리한다. 미국 언론 역시 'about this story'라는 제목으로 간단히 소개하는 경우가 일반적이다.

하지만 취재 방법과 과정을 메인 기사 또는 시리즈 일부에 넣어서 주목받는 사례가 종종 있다. 퓰리처상 국제보도 부문의 2022년 수상작이 대표적이다. 미군 오폭(誤爆)을 다룬 기사 8개 중에서 두 번째 기사(미국 공중폭격으로 인한 민간인 피해 · The human toll of America's air wars)가 취재 과정을 카메라처럼 소개한다.

취재 방법과 과정을 기사 본문에 넣거나, 보조 기사에 자세히 담는 일은 어렵지 않다. 회사와 경영진이 아니라 데스크와 기자가 마음먹고 실천하면 된다. 취재하면서 흘린 땀, 보도하면서 느끼는 고민을 공적설명서가 아니라 기사에 나오도록 하면 어떨까? 취재 과정의 자세한 설명이 언론 신뢰도를 높이는 가장 쉬운 방법이라고 저자는 생각한다.

특징 5. 신뢰한다

우수작을 만들려면 많이 노력해야 한다. 감시하고, 사실을 검증하고, 현장을 찾고, 투명성을 갖춰야 한다. 여기에 오랜 시간이 걸린다. 언론사 내외부의 신뢰가 있어야 이런 노력과 시간이 가능하다. 어떤 신뢰인가? 세 가지 차원이다. 첫 번째는 기자와 취재원의 신뢰, 두 번째는 기자와 데스크의 신뢰, 세 번째는 기자와 타 직종의 신뢰다.

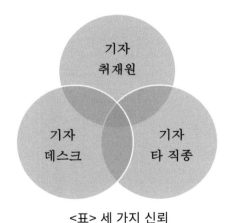

<표> 세 가지 신뢰

첫 번째, 기자와 취재원 사이의 신뢰. 취재원이 중요한 정보를 가졌어도 언론에 바로 제공하지 않는다. 어느 취재원은 몇 번을 찾아가도 만남 자체를 거절한다. 기자가 예의 바르고 솔직하게 설득해야 하는 이유다. 뉴욕타임스의 조디 칸토와 메건 투호이는 헐리우드 실력자의 성폭력을 여배우와 직원이 말할 때까지 기다렸다. 피해를 걱정해서, 보복을 두려워해서, 비밀각서에 서명해서 대부분 피해자가 입을 다물었지만, 두 기자는 차분하게 설득했다. "당신에게 과거에 일어난 일을 내가 바꿀 수 없다. 하지만 다른 사람을 보호하는데 도움이 되도록 당신 경험을 우리가 같이 활용할 수는 있다(I can't change what happened to you in the past, but together we may be able to use your experience to help protect other people)."(Kantor & Twohey, 2019, p. 25)

칸이 중동에서의 미군 오폭(誤爆)을 취재하는 과정에서도 예의 바르고 솔직하게 현지 주민을 설득했다. 예를 들어 칸은 이야기할 마음이 있는지, 또 대화를 기사에 인용해도 좋은지를 먼저 물었다. 그러면서 자기 목적은 주민의 말과 얼굴과 목소리가 세상에 나오게 하는 일이라고 설명했다. 기자가 솔직하고 진지하게 나오니까 상당수 주민이 적극 도왔다고 칸은 기사 본문에 밝혔다.

두 번째, 기자와 데스크 사이의 신뢰. 취재원을 설득해서 입을 열게 하고, 정부 발표를 검증하기까지 인내심이 필요하다. 데스크는 이런 과정을 이해하고 기자를 믿어야 한다. 결과물을 빨리 내놓

으라고 독촉하면 곤란하다.

재키 바나신스키는 이렇게 말했다. "뛰어난 편집자는 신의 선물이다. 그들은 뒤를 받쳐주는 지지자이고, 충격을 줄이는 사람이고, 문제 해결자이다. 편집자는 매일같이 지뢰밭을 뚫고 병참 임무를 수행한다."(Kramer& Call, 2007/2019, 401쪽) 바나신스키가 말한 편집자(editor)는 국내 언론의 부장과 차장, 즉 데스크를 말한다. 기자와 데스크가 수시로 대화하며 기사 방향을 정하면 기사 수준이 훨씬 더 높아진다. 기자에 대한 신뢰는 데스크와 편집국장이 아니라 회사 차원에서도 필요하다. 편집국을 경영진이 신뢰하고, 경영진이 편집국을 지원하면 기사 수준이 훨씬 더 높아진다. 언론계에 화제를 모으는 동아일보 히어로콘텐츠가 대표적이다. 취재팀이 주제와 취재 기한과 방식을 스스로 정하고, 회사가 돕는다.

세 번째, 기자와 타 직종 사이의 신뢰. 시카고트리뷴(Chicago Tribune)은 '마비 상태로 가는 관문(Gateway to Gridlock)' 기획으로 퓰리처상 해설보도 부문(Explanatory Reporting)을 2001년 수상했다. 미국 항공관제 시스템의 문제를 다뤘다. 취재기자, 사진기자, 그래픽 담당자를 합쳐 64명이 참여했다. 기자들은 미국 전역의 공항, 비행기 안, 연방항공청 관제탑, 주요 항공사 상황 본부에서 9주를 취재했다. 취재팀이 수시로 긴밀하게 취재하면서 누군가는 조종사와 관제탑 사이의 교신을 들었는데, 알고 보니 다른 기자가 인터뷰한 승객이 그 비행기에 탔었다

(Kramer& Call, 2007/2019, 540-545쪽).

멀티미디어 요소의 결합이 더욱 중요한 시대이므로 취재기자, 사진기자, 촬영 기자, 그래픽 디자이너, 웹 개발자 등 여러 직종이 서로를 신뢰하고 협조해야 '마비 상태로 가는 관문'과 '스노우 폴'과 '매일 김용균이 있었다'처럼 완성도 높은 기획이 나온다.

마무리하며

역피라미드는 저널리즘의 기본이다. 누가, 언제, 어디서, 무엇을, 어떻게, 왜. 여섯 가지는 사실을 모으고, 정리하고, 전달하는 장치로서 기자에게 가장 중요한 단어다. 소설가 김훈은 말한다. "육하원칙이라는 것도 사실은 매우 불안정한 것이죠. 육하원칙에 따라서 육하를 다 끼워 맞췄다 한들 그것이 전달할 수 없는 인간의 진실은 또 있는 것입니다. 그것이 글 쓰는 자의 고민이고 글 쓰는 자의 딜레마인 것이죠. 그러나 그렇다고 해서 육하원칙을 무시하고 그것을 건너뛰어서 앞으로 나갈 수는 없는 것입니다."(김훈, 2008, 51쪽)

어느 기사든 육하원칙이 던지는 질문에 답을 해야 한다. 간단하게 얘기하면 스트레이트는 육하원칙을 요약해서 전달하는 방식이고, 기획 기사는 육하원칙을 자세하게 전달하는 방식이다.

역피라미드는 육하원칙에서 가장 중요한 내용을 앞에 배치하는 방식이고, 내러티브는 육하원칙을 앞과 중간과 뒤에 분산하는 방식이다. 구성 방식이 다르더라도 전제조건이 있다. 모든 내용은 사실이어야 한다.

구성 요소가 사실이라면 기사가 감정을 유발해도 문제가 되지 않는다. 있는 그대로의 사실에 근거했다면 분노와 슬픔을 유발해도 기사가 비판받지 않는다. 미국 저널리즘 분야에서 최고 권위를 인정받는 풀리처상 수상작에 주관적 표현이 가득 차 있지만, 뉴스 객관성을 해치지 않으며, 오히려 주관성 또는 객관성이라는 이분법적 반대개념이야말로 언론의 스토리텔링이 가진 복잡성을 지나치게 단순화한다(Wahl-Jorgensen, 2013).

국민은 일상생활에서 감정을 느낀다. SNS를 보자. 게시글 반응이 하나같이 감정을 담은 이모티콘이다. 감정이 일상화한 시대이니 언론은 분노와 슬픔 같은 감정을 느낄만한 사안을 적극 보도해야 한다. 권력 남용, 전쟁과 테러와 재난과 질병, 범죄와 학대, 차별과 혐오. 누군가 분노와 슬픔을 유발하고 누군가 분노와 슬픔을 느낀다. 감정을 유발하는 주체, 그리고 감정을 느끼는 주체를 언론이 외면해서는 곤란하다.

감정을 유발하고 느끼는 사안을 언론이 제대로 다루면 국민이 공감한다. 신뢰를 바탕으로 언론이 감시하고, 검증하고, 현장을 찾고, 투명하게 취재하고 보도하면 제 역할을 다한다는 평가를 받는다. 공동체 구성원이 사실을 공유하고 공감하면 의제가 형성된다. 공유와 공감과 의제는 토론과 타협, 그리고 문제 해결로 이어진다. 공감 저널리즘이 의제 형성, 토론과 타협, 문제 해결의 출발점임을 국내외 언론상 수상작이 보여준다.

▣ 참고문헌

〈국문〉

고제규 (2020). 주민 85명 인터뷰 취재 기록 8만3852자 〔취재뒷담화〕. 〈시사IN〉 5월 13일(통권 661호).

곽민영 (2011). 기사 스타일이 독자의 흥미, 신뢰도, 기억에 미치는 영향: 내러티브와 역피라미드 스타일 비교를 중심으로. 숙명여자대학교 박사학위논문.

관훈클럽 (2018). 관훈언론상 보고서.

김경희 (2012). 뉴스 소비의 변화와 뉴스의 진화. 〈언론정보연구〉, 49(2), 5-36.

김미혜 · 박순천 · 조수민 · 손지혜 (2004). 독립형 인터넷 신문 오마이뉴스의 장애관련 보도경향에 대한 내용 분석: 종속형 인터넷 신문 조선일보와 비교하여. 〈이화사회복지연구〉, 5, 43-78.

김사승 (2008). 〈디지털 테크놀로지와 저널리즘〉. 서울: 커뮤니케이션북스.

김성재 (2003). 디지털 미디어시대의 재난보도 방향. 〈방송연구〉, 56, 89-112.

김승섭 (2017). 〈아픔이 길이 되려면〉. 서울: 동아시아.

김승섭 (2018). 그들의 '깊은 상처', 사회가 함께 감당해줄 순 없을까요. 〈한겨레신문〉 7월 20일, 8면.

김위근 (2008). 온라인 저널리즘의 진화 방향에 대한 탐색적 연구: 인터넷 공론장과 숙의 민주주의 가능성. 한국언론정보학회 학술대회, 10권, 5-27.

김진훈 · 박정식 (2012). 지적장애에 대한 종합일간지 신문보도의 경향 분석(1990-2010년). 〈지적장애연구〉, 14권 1호, 125-141.

김훈 (2008). 문학적 글쓰기는 하나의 전략이다. 도정일 외. 〈글쓰기의 최소원칙〉. (46-70쪽). 서울: 룩스문디.

노동우 · 이수진 · 김형석 · 성유진 · 오소영 · 최하은 (2013). 男, 혼자 죽는다. 〈신동아〉, 11월호(통권 650호), 442-472.

나경희 (2020). 시사IN 〈장점마을 르포〉 17년 투쟁 기록한 세 기자의 한 달 살기. 〈신문과 방송〉, 8월호(통권 660호), 59-62. 서울: 한국언론진흥재단.

동아일보 (1995). 日 대지진…'關東' 이후 최악慘史. 동아일보, 1월 18일 1면.

동아일보 (2020a). 히어로콘텐츠. URL: https://original.donga.com/.

동아일보 (2020b). 히어로콘텐츠(Hero Contents)를 소개합니다. URL: https://original.donga.com/about.

류이근 (2018). 만리재에서…어뢰와 최광수. 〈한겨레21〉. URL: https://h21.hani.co.kr/arti/reader/together/45647.html?_ga=2.157273019.144604891.1672644019-2102628396.1672644019.

배정근 · 하은혜 · 이미나 (2014). 언론인의 외상성 사건 경험과 심리적 외상에 관한 연구. 〈한국언론학보〉, 58권 5호, 417-445.

백승연 · 오주비 (2020), 한국기자상 특집 ③ 조국 장관 인사검증 (동아일보). 스토리오브서울. URL: http://www.storyofseoul.com/news/articleView.html?idxno=3519.

변지민 (2018). 보수는 이용했고 진보는 외면했다. 〈한겨레21〉, 7월 23일 (통권 1221호), 서울: 한겨레신문사.

서울신문 탐사기획부 (2018). 치매 수발 6년, 아내 목을 졸랐습니다. 〈서울신문〉, 9월 3일, 1면.

송상근 (2013). 영혼을 지키는 기자들. 〈동아일보〉, 8월 16일, A31면.

송상근 (2014a). 한국의 기획기사는 진화하는 중인가. 〈한국언론학회 2014 봄철 정기학술대회 특별세션: 스마트미디어 환경에서의 멀티미디어 뉴스 콘텐츠의 진화와 언론의 미래〉 자료집, 31-51.

송상근 (2014b). 매개와 왜곡: 장애인은 내러티브 기사에서 어떻게 재현되는가? 〈視覺障礙研究〉. 30권 4호, 127-148.

송상근 (2015a). 재난보도에서의 분노표출 탐구. 〈언론학연구〉, 19권 1호, 115-141.

송상근 (2015b). 일탈과 비판의 악순환, 언제까지 반복할 것인가. 〈관훈저널〉, 여름호(통권 135호), 35-42. 서울: 관훈클럽.

송상근 (2016). 취재원 사용의 원칙과 현실: 세월호 보도를 중심으로. 〈한국언론학보〉, 60권 5호, 34-62.

송상근 (2022). 퓰리처상 저널리즘 부문 리뷰- 우수 저널리즘은 진화한다. 〈신문과 방송〉, 7월호(통권 619호), 71-74. 서울: 한국언론진흥재단.

송상근 (2023). 저널리즘의 기본 원칙 되짚기 ④ 원칙: 취재보도의 과학- 방법과 동기에 대해 투명하라. 〈신문과 방송〉, 7월호(통권 631호), 70-72. 서울: 한국언론진흥재단.

송상근 · 박재영 (2009). 〈뉴 스토리 뉴 스타일〉. 서울: 나남.

신창섭 · 김성민 · 황석근 · 이경덕 · 이재열 (2006). 시계열로 분석한 한국사회의 사회안전지표. 〈한국안전학회지〉, 21권 6호, 55-63.

유동철 (2001). 배려는 뒷전, 영웅 만들기에 골몰- 장애인 보도의 문제점. 〈신문과 방송〉, 6월호(통권 366호), 118-121. 서울: 한국언론진흥재단.

유승관 · 강경수 (2011). 세계 뉴스통신사의 재난 · 재해 뉴스 보도의 실태와 개선방안 연구. 〈방송통신연구〉, 76, 140-169.

유영규 · 임주형 · 이성원 · 신융아 · 이혜리 (2018). '이달의 기자상' 공적설명서. 서울: 한국기자협회. URL: http://www.journalist. or.kr/mybbs/bbs.html?mode=view&bbs_code=bbs_12&cate= &page=&search=&keyword=&type=&bbs_no=27231.

유영규 · 임주형 · 이성원 · 신융아 · 이혜리 (2019). 〈간병살인, 154인의 고백〉. 김포: 루아크.

윤태진 (2014). 방송사의 세월호 참사 보도. 〈문화과학〉, 79, 192-212.

이재경 · 정미영 · 송미재 · 고지운 (2001). 한국 신문의 逆피라미드형 기사 도입과 정착에 관한 연구. 〈한국언론학보〉, 46권 1호, 413-430.

이재열 (1998). 대형사고와 위험: 일상화한 비정상성. 〈사상〉, 38, 180-199.

이종탁 (2010). 진보·보수 양쪽으로부터 '차세대 리더 지식인' 평가. 경향신문, 12월 7일, 29면.

임영호·김은미·김경모·김예란 (2008). 온라인 뉴스 이용자의 뉴스관과 뉴스이용. 〈한국언론학보〉, 52권 4호, 179-204.

임우선 (2021). 환생- 꽃으로 다시 피어나다. 동아미디어그룹 사내보 〈동우〉, 3월 11일(제255호), 1면.

임우선 (2022). 푸른 가을 동아일보에 도착한 히어로의 편지. 동아미디어그룹 사내보 〈동우〉, 9월 7일(제273호), 2면

임우선·곽도영·김은지·이윤태·이샘물 외 (2021). 관훈언론상 공적서.

임현진 외 (2003). 〈한국사회의 위험과 안전〉. 서울: 서울대학교출판부.

장일호·나경희 (2020). '환경 재난' 마을의 해바라기 꽃 필 무렵. 〈시사IN〉 5월 12일(통권 660호).

전국언론노동조합연맹 엮음 (1994). 〈한국을 뒤흔든 특종〉, 서울: 도서출판 공간.

정원옥 (2014). 세월호 참사의 충격과 애도의 정치. 〈문화과학〉, 79, 48-66.

조건희·송혜미·이상환·이지윤 외 (2023). '이달의 기자상' 공적설명서. 서울: 한국기자협회. URL: http://www.journalist.or.kr/mybbs/bbs.html?mode=view&bbs_code=bbs_12&cate=&page=&search=&keyword=&type=undefined&bbs_no=33290.

지민구 김예윤 이소정 이기욱 외 (2022). 관훈언론상 공적서.

최민재·양승찬·이강형 (2013). 〈디지털 미디어 시대의 저널리즘〉. 서울: 한국언론진흥재단.

하응백·김인숙·전진우 (2013). 제49회 신동아 논픽션 당선작 심사평. 〈신동아〉, 11월호(통권 650호), 438-441.

하지희 (2015). 〔인터뷰〕 New York Times 'John Branch' 기자. 스토리오브서울. URL: http://www.storyofseoul.com/news/

articleView.html?idxno=2339.

한국언론진흥재단 (2021). 〈2021 한국의 언론인: 제15회 언론인 조사〉. 서울: 한국언론진흥재단.

한국언론진흥재단 (2022). 〈2022 언론수용자 조사〉. 서울: 한국언론진흥재단.

한상진 (1995). 해방 50년의 한국사회: 돌진형 근대화로부터 성찰적 근대화로. 〈사상〉, 25, 140-170.

한상진 (2008). 위험사회 분석과 비판이론. 〈사회와 이론〉, 12, 37-72.

홍은희 (2012). 언론사 조직문화와 재난보도 취재 관행. 〈사회과학연구〉, 19권 2호, 151-178.

황성호 · 신동진 · 이호재 · 김동혁 · 장관석 (2019), 이달의 기자상 공적설명서. 한국기자협회. URL: http://www.journalist.or.kr/mybbs/bbs. html?mode=view&bbs_code=bbs_12&cate=&page=1&search=&keyword=&type=&bbs_no=28312.

황혜영 · 김가경 · 강혜진 (2010). 독립형 인터넷신문에 나타난 장애인 관련 기사 분석. 〈지체중복건강장애연구〉, 53권 3호, 161-180.

〈영문〉

Altman, Drew (2009). Pulling it together: About Kaiser Health News. Retrieved from https://www.kff.org/racial-equity-and-health-policy/perspective/pulling-it-together-about-kaiser-health-news/.

Bahr, Sarah (2022). 'Snow Fall' at 10: How it changed journalism. New York Times, 12. 27, A2. Retrieved from https://www.nytimes.com/2022/12/23/insider/snow-fall-at-10-how-it-changed-journalism.html?searchResultPosition=3.

Barry, D., Feuer, A., & Rosenberg, M. (2021). 90 Seconds of rage. New York Times. Retrieved from https://www. nytimes.com/interactive/2021/10/16/us/capitol-riot. html?searchResultPosition=1.

Bartlett, Tom (2011). How do you explain Gene Weingarten. Washingtonian. Retrieved from https://www. washingtonian.com/2011/12/05/how-do-you-explain-gene-weingarten.

Bernstein, Carl (2005). Watergate's last chapter. Vanity Fair. Retrieved from https://archive.vanityfair.com/ article/2005/10/watergates-last-chapter.

Berrington, E. & Jemphrey, A. (2003). Pressures on the press: Reflections on reporting Tragedy. Journalism, 4(2), 225-248.

Branch, John(2014). Snow Fall: The avalanche at Tunnel Creek. In. George Getschow (Ed), The best American newspaper narratives of 2012 (pp.115-170), Denton, TX: University of North Texas Press.

Broder, David (1987). Behind the front page: A candid look at how the news is made. New York, NY: Simon & Schuster.

Buzbee, Sally (2021). Letter from Washington Post executive editor Sally Buzbee about The Post's Jan.6 investigation. Washington Post. Retrieved from https://www.washingtonpost.com/politics /2021/10/31/about-jan-6-insurrection-investigation/.

Department of Defense & Joint Chiefs of Staff (2021). DOD dictionary of military and associated terms. Retrieved

from chrome-extension://efaidnbmnnnibpcajpcglclefind
mkaj/https://irp.fas.org/doddir/dod/dictionary.pdf.

Deuze, Mark (2003). The web and its journalisms: Considering
the consequences of different types of newsmedia
online. New Media & Society, 5(2), 203-230.

Drabeck, T. & Quarantelli, E. (1967), Scapegoats, villains,
and disasters. Transaction, 4, 12-17.

Elliot, T. R. & Byrd, E. K. (1982). Media and disability,
Rehabilitation Literature, 43, 348-355.

Freedman, Samuel G. (2006). Letters to a young journalist.
Cambridge, MA: Basic Books. 조우석 옮김 (2008). 〈미래의
저널리스트에게〉. 서울: 미래인.

Gowen, Annie (2021). The trade war's casualties. In. Gay
Reaves (Ed), The best American newspaper narratives,
volume 8 (pp.75-103), Denton, TX: University of
North Texas Press.

Haller, B. (2000). How the news frames disability: Print
media coverage of the Americans with disabilities
act. In. B. M. Altman & S. N. Barnartt (Eds), Expanding
the scope of social science research on disability
(Research in social science and disability, vol. 1)
(pp.55-83), Bingley: Emerald Group Publishing.

Hart, Michelle (2022). In the Deep South, a Search for Queer
Identity. New York Times. Retrieved from https://
www.nytimes.com/2022/08/20/books/review/diary-
of-a-misfit-casey-parks.html?searchResultPosition=2.

Houston, B., Horvit, M. & Investigative Reporters and Editors (2021).
The investigative reporter's handbook: A guide to documents,

databases, and techniques(6th ed). Boston, MA: Bedford/
St. Martin's.

Jacobson, Susan (2011). Transcoding the news: An investigation
into multimedia journalism published on nytimes.
com 2000–2008. New Media & Society, 14(5), 867–885.

Kantor, Jodi & Twohey, Megan (2019). She said. New York,
NY: Penguin Press.

Kay, L., Reilly, R., Connolly, K. & Cohen, S. (2010). Help or
harm?: Symbolic violence, secondary trauma and
the impact of press coverage on a community.
Journalism Practice, 4(4), 421–438.

KFF Health News (2023). KFF Health News ethics
guidelines. Retrieved from https://khn.org/ethics-
guidelines.

Khan, Azmat (2021). The human toll of America's air wars.
New York Times. Retrieved from https://www.
nytimes.com/2021/12/19/magazine/victims-
airstrikes-middle-east-civilians.html.

Khan, Azmat (2023). Impact. Retrieved from https://
azmatzahra.com/.

Kindred, Dave (2011). Morning miracle. New York: Anchor Books.

Knapp, Andrew (2015). The Post and Courier wins Pulitzer
Prize. Post and Courier. Retrieved from https://
www.postandcourier.com/archives/the-post-and-
courier-wins-pulitzer-prize/article_8deb6f38-1bc3-
5c23-a38c-e5b6853c050d.html.

Kovach, Bill & Rosenstiel, Tom (2021). The elements of
journalism(4th ed). New York, NY: Three Rivers Press.

이재경 옮김 (2021). 〈저널리즘의 기본 원칙〉. 서울: 한국언론진흥재단.

Kramer, Mark & Call, Wendy (2007). Telling true stories: A nonfiction writer's guide from the Nieman Foundation at Harvard University. New York, NY: Plume. 최서현 옮김 (2019). 〈진짜 이야기를 쓰다: 하버드 니먼재단의 논픽션 글쓰기 가이드〉. 고양: 알렙.

Lowry, Rich (2017). After Weinstein, a cultural revolution. National Review. Retrieved from https://www.nationalreview.com/2017/11/sexual-harassment-allegations-old-model-abuse-ending/.

Lyman, P.(2004). The domestication of anger: The use and abuse of anger in politics. European Journal of Social Theory, 7(2), 133-147.

Marshall Project (2020a). Mauled: When police dogs are weapons. Retrieved from https://www.themarshallproject.org/2020/10/15/mauled-when-police-dogs-are-weapons.

Marshall Project (2020b.) We spent a year investigating police dogs. Here are six takeaways. Retrieved from https://www.themarshallproject.org/2020/10/02/we-spent-a-year-investigating-police-dogs-here-are-six-takeaways.

Marshall Project (2020c). Some of our best work of 2020. Retrieved from https://www.themarshallproject.org/2020/12/21/some-of-our-best-work-of-2020.

Mayes, T. (2000). Submerging in "therapy news". British Journalism Review, 11(4), 30-35.

Mechanic, Michael (2010). Secrets of a two-time Pulitzer winner. Motherjones. Retrieved from https://www.motherjones.

com/media/2010/06/gene-weingarten-pulitzer-fiddler-subway-dave-barry.

Mistreanu, Simina (2012). Narrative sweat & flow, part 3: Amy Harmon and Anne Hull. NiemanStoryboard. Retrieved from https://niemanstoryboard.org/stories/narrative-sweat-flow-part-3-amy-harmon-and-anne-hull/.

New York Times (2013). Cover letter for entry. Pulitzer Prizes. Retrieved from https://www.pulitzer.org/winners/john-branch.

New York Times (2020). Times insider: Taking measure of #MeToo. Retrieved from https://www.nytimes.com/2020/01/08/reader-center/reporters-reflect-metoo.html?action=click&pgtype=Interactive&state=default&module=styln-metoo-anniversary&variant=show&region=BELOW_MAIN_CONTENT&block=storyline_flex_guide_recirc.

New York Times (2021). Military responses to questions about U.S. airstrikes. Retrieved from https://www.nytimes.com/interactive/2021/us/military-responses.html.

Olson, R. (2000). Toward a politics of disaster: losses, values, agendas, and blame. International Journal of Mass Emergencies and Disaster, 18(2), 265-287.

Oregonian/OregonLive (2017). About a Boy: How we reported the story. Retrieved from https://www.oregonlive.com/transgender-health/2017/07/about_a_boy_how_we_reported_th.html.

Pantti, M. (2011). Disaster news and public emotions. In K. Doveling, C. v. Scheve & E. A. Konijn (Eds). The Routledge handbook of emotions and mass media (pp. 221-236). New York, NY: Routledge.

Pantti, M. & Wahl-Jorgensen, K. (2011). 'Not an act of god': Anger and citizenship in press coverage of British man-made disasters. Media, Culture & Society, 33(1), 105-122.

Parks, Casey (2019). About a boy. In. Gayle Reaves (Ed), The best American newspaper narratives, volume 6 (pp.227-267), Denton, TX: University of North Texas Press.

Pavlik, John V. (1999). New media and news: implications for the future of journalism. New Media & Society, 1(1), 154-159.

Pavlik, John V. (2013). Innovation and the future of journalism. Digital Journalism, 1(2), 181-193.

Peters, C. (2011). Emotion aside or emotional side? Crafting an 'experience of involvement' in the news. Journalism, 12(3), 297-316.

Pugh, Mitch (2015). Cover letter for entry. Pulitzer Prizes. Retrieved from https://www.pulitzer.org/winners/post-and-courier.

Pulitzer Prizes (2013). Winner in feature writing. Retrieved from https://www.pulitzer.org/winners/john-branch.

Pulitzer Prizes (2017). Finalist in feature writing. Retrieved from https://www.pulitzer.org/finalists/eli-saslow-1.

Pulitzer Prizes (2018). Winner in public service. Retrieved

from https://www.pulitzer.org/winners/new-york-times-reporting-led-jodi-kantor-and-megan-twohey-and-new-yorker-reporting-ronan.

Pulitzer Prizes (2022). Winner in international reporting. Retrieved from https://www.pulitzer.org/winners/staff-new-york-times-notably-azmat-khan-contributing-writer.

Pyle, Trevor (2021). Tracking shards of grief for 20 years, and daring to love your story subjects. NiemanStoryboard. Retrieved from https://nieman.harvard.edu/stories/tracking-shards-of-grief-for-20-years-and-daring-to-love-your-story-subjects/.

Redden, Joanna & Witschge, Tamara (2010). A new news order?: Online news content examined. In: N. Fenton (Ed), New media, old News: Journalism & democracy in the digital Age, Los Angeles, CA: Sage.

Senior, Jennifer (2021). What Bobby McIlvaine left behind: Grief, conspiracy theories, and one family's search for meaning in the two decades since 9/11. Atlantic. Retrieved from https://www.theatlantic.com/magazine/archive/2021/09/twenty-years-gone-911-bobby-mcilvaine/619490/.

Stephens, Mitchell (2014). Beyond news: The future of journalism. New York, NY: Columbia University Press. 김익현 옮김(2015). 〈비욘드 뉴스: 지혜의 저널리즘〉. 서울: 커뮤니케이션북스.

Washington Post (2010). Gene Weingarten. Retrieved from https://www.washingtonpost.com/people/gene-weingarten/?itid=ai_top_weingarteng0-v.

Weingarten, Gene (2009). Fatal distraction: Forgetting a child in the backseat of a car is a horrifying mistake. Is it a crime? Washington Post. Retrieved from https://www.washingtonpost.com/lifestyle/magazine/fatal-distraction-forgetting-a-child-in-thebackseat-of-a-car-is-a-horrifying-mistake-is-it-a-crime/2014/06/16/8ae0fe3a-f580-11e3-a3a5-42be35962a52_story.html.

Weingarten, Gene (2021). I won't humor you anymore. Washington Post. Retrieved from https://www.washingtonpost.com/lifestyle/magazine/gene-weingarten-i-wont-humor-you-anymore/2021/09/21/8c6e2ce6-0bf8-11ec-aea1-42a8138f132a_story.html.

Whoriskey, Peter (2013). For Bezos, Post represents a new frontier. Washington Post, 8. 11, A1 & A10-11.

Willnat, Lars & Weaver, David. H (2014). The American journalist in the digital age: Key Findings. Bloomington, In: School of Journalism, Indiana University.

부록

우수 저널리즘은 진화한다*

송상근 이화여대 저널리즘교육원 특임교수

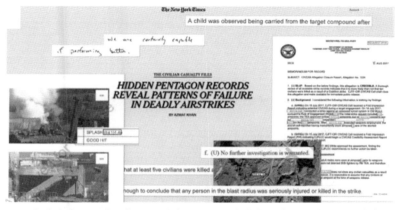

뉴욕타임스는 미군의 오폭 분석 보도로 퓰리처상 국제보도 부문을 수상했다.
〈출처-뉴욕타임스 홈페이지〉

　　미군이 이슬람국가(ISIS) 거점이라고 판단한 세 곳을 폭격했
다. 2016년 6월 19일 새벽 3시경이었다. 보고에 따르면 전투원
85명이 죽었다. 사실은 달랐다. 화염에 휩싸인 곳은 전선에서 멀
리 떨어진 농가였고 민간인 120여 명이 숨졌다. 사과와 보상과

* 〈신문과 방송〉, 2022년 7월호(통권 619호), 71-74. 서울: 한국언론진흥재단.

문책은 없었다고 뉴욕타임스(New York Times)가 2021년 12월 밝혔다.

이 사례를 포함한 미군의 오폭(誤爆) 분석 보도를 뉴욕타임스는 퓰리처상 공공보도(Public Service) 부문에 응모했다. 퓰리처상 선정위원회(이하 위원회)가 심사 과정에서 국제보도(International Reporting) 부문으로 옮겨 수상작으로 결정했다. 공공보도 부문은 워싱턴포스트(Washington Post)가 받았다. 작년 1월 6일에 발생한 연방의회 의사당 난입 사건을 재조명했다. 두 신문의 보도가 탁월했기에 위원회가 뉴욕타임스 기사를 국제보도로 옮기는 식으로 손을 모두 들어준 셈이다.

존 다니제브스키 퓰리처상 선정위원회 공동위원장
〈출처 – 퓰리처상 선정위원회 홈페이지〉

위원회가 5월 9일(현지 시각) 발표한 106회 퓰리 처상 저널리즘 분야에서 뉴욕타임스는 국제보도, 전국보도(National Reporting), 논평(Criticism) 등 세 개 부문을 수상했다. 워싱턴포스트는 가장 영예롭다고 여겨지는 공공보도 부문을 받았다. 퓰리처상 발표 뒤에 두 언론사가 주목을 받는 일은 이전과 비슷했다. 포인터연구소의 톰 존스(Tom Jones)는 올해 수상작을 일별하면서 "위원회가 연례적인 통과의례(an annual rite of passage)처럼 뉴욕타임스와 워싱턴포스트를 인정했다"고 표현할 정도다.

● 미군 오폭(誤爆) 탐사보도로 국제보도 부문 수상한 뉴욕타임스

오폭 보도를 보자. 미국은 버락 오바마 대통령의 두 번째 임기 후반부터 중동 지역에서 폭격을 강화했다. 이라크, 시리아, 아프가니스탄의 미군 전사자가 6,000명이 넘을 정도로 인명 피해가 컸기 때문이다. 이런 기조는 도널드 트럼프 대통령 시절까지 이어졌다. 5년 동안, 5만 회 이상이었다. ISIS가 위축되고 아프가니스탄 정부가 조금 더 버티는 효과가 생겼다. 그럼에도 전쟁의 끝이 보이지 않았다.

뉴욕타임스는 부수적 피해(collateral damage)에 주목했다. 오바마 대통령이 "역사상 가장 정밀한 공중 폭격 작전(the most precise air campaign in history)"이라고 표현했지만 오폭으로 민간인이 얼마나, 어떻게 희생됐는지를 파악하기로 했다. 의혹을 사실로 확립하는 과정의 집요함과 철저함은 필자가 보기에 경이로움 그 자체였다.

취재팀은 폭격 자료를 모으는 일부터 시작했다. 군이 공식 발표했거나, 국내외 언론 또는 시민단체가 거론했거나, 소셜미디어에 게시된 사례를 근거로 했다. 정보자유법(Freedom of Information Act)을 활용해 정보 공개를 청구했고, 국방성과 중부사령부가 자료 제공을 거부하면 소송을 제기했다. 이런 방법으로 뉴욕타임스는 민간인 오폭으로 추정되는 2,866건 중에서 1,311건의 자료를 확보했다. 분량은 5,400쪽 이상. 대부분은 2014~2018년의 이라크와 시리아 사례다. 취재팀은 아프가니스탄 자료를 구하려고 다른 소송을 제기한 상태다.

공식 발표에 나오지 않은, 즉 군 당국이 숨긴 오폭 및 민간인 피해 규모를 드러냈다는 사실만으로도 보도 가치가 높다. 하지만 취재팀은 통계를 전하는 데 그치지 않았다. 현장 100곳 정도를 찾아가서 주민을 만났다. 증언과 목격담을 들으면서 사진, 동영상, 음성파일, 사망 증명서, 병원 기록을 입수했다. 미군 보고서 내용이 사실인지를 확인하기 위해서였다. 마지막으로 군 당국에 답변을 요청했다. 뉴욕타임스는 미군 보고서를 포함해 자료 원문을 홈페이지의 기사 중간중간에 배치했다. 그러면서 정보가 정확하지 않고, 목표물을 잘못 선정하고, 장비가 부실해서 어린이를 포함해 민간인 피해가 늘었다고 지적했다.

취재팀을 이끈 아즈맷 칸(Azmat Khan)은 탐사보도 전문가다. 2014년 버즈피드뉴스를 시작으로 알자지라 미국 지사, 공영 방송 PBS에서 기자 및 프로듀서로 근무하면서 국제 문제, 특히 중동 취재에 집중했다. 2015년에는 아프가니스탄에서의 교육지원 프로그램 성과가 과장됐다는 보도로, 2018년에는 미군 폭격 5건 중 1건이 오폭이라는 보도로 다수의 언론상을 받았다.

그는 뉴욕타임스 매거진에 정기적으로 기사를 보냈다. 올해 수상작 역시 여기에 게재했다. 내용을 보완해서 논픽션으로 출간할 계획이다. 컬럼비아대 저널리즘스쿨에서 방문연구원으로 갈등 보도를 가르치다가 작년부터 조교수이자 글로벌저널리즘센터 (Simon and June Li Center for GlobalJournalism)의 초대 소장으로 임명됐다. 말 그대로 언론계와 학계를 넘나들며 활동한다. 올해 퓰리처상 국제보도 부문에는 최종 후보작 세 건이 더 있다. 이중에서 두 건이 뉴욕타임스 보도다.

● 공공보도 부문은 워싱턴포스트 탐사보도 부문은 탬파베이타임스 수상

공공보도 부문의 수상작은 의사당 난입 사건을 다뤘다. 도널드 트럼프 대통령을 지지하는 시위대가 민주당 조 바이든 후보의 대통령 당선을 공식 인정하려는 의사당 건물에 몰려가면서 폭력 사태를 유발했다. 워싱턴포스트에 따르면 "진실과 민주주의 미래에 대한 광범위한 전쟁에서 있었던 전투"였다.

난입 1년이 다가오자 워싱턴포스트는 3부작 시리즈(The Attack)에 기자 25명을 포함해 75명을 투입했다. 취재팀은 정치인, 시민, 전문가 등 230명 이상을 인터뷰하고 수천 쪽의 문건과 수백 건의 동영상, 사진, 음성파일을 검토했다. 첫 보도는 작년 10월30일에 나갔고, 올해 1월까지 이어졌다. 워싱턴포스트의 샐리 버즈비(Sally Buzbee) 편집인은 "언론 앞에 놓인 도전은 명확했다. 우리는 민주주의 제도와 선출된 지도자에 대한 감시견 정도가 아니라 민주주의 그 자체를 위한 필수적인 옹호자였다"고 보도의미를 설명했다.

미국 언론에서 뉴욕타임스와 워싱턴포스트는 취재 인력이 가장 많은 편에 속한다. 여건이 다른 신문보다 좋다. 그러니까 퓰리처상을 자주 받는 게 당연하지 않을까? 이런 질문에 대해 가장 많은 인력을 좋은 보도, 특히 비판적 기사에 집중 투입한다는 점에서 두 신문의 노력이 인정받아 마땅하다고 포인터연구소의 톰 존스는 지적한다.

지역 언론에서는 탬파베이타임스(Tampa Bay Times)가 산업재해를 다룬 기사로 탐사보도(Investigative Reporting) 부문을 수상해 눈길을 끌었다. 이 신문은 플로리다주에 있다. 원래 이름은 세인트피터스버그타임스(St. Petersburg Times)다. 퓰리처상을 작년에 이어 2년 연속으로, 최근 10년 사이에 6회 수상했다.

코리 존슨(Corey G. Johnson) 기자는 힐즈버러(Hillsborough) 카운티의 학교 수돗물이 납에 오염된 사안을 취재하다가 고퍼리소스(Gopher Resource)라는 회사를 알게 됐다. 플로리다주에 있는 유일한 배터리 재활용 시설을 운영하는 곳이다. 민간기업이라 취재팀이 공장 내부를 볼 수 없었지만 전·현직 직원 80명 이상을 인터뷰해서 독성 물질과 직원의 건강관리 실태를 확인했다. 또 수천 쪽의 회사 문건(이메일, 편지, 컨설턴트 보고서 포함), 연방정부와 주 정부의 지침을 검토했다. 근로자 건강검진 기록은 당사자 동의를 거쳐 확보하고 의료및 보건 전문가에게 검토를 의뢰했다.

탬파베이타임스는 보도에 50만 달러(약 6억4,000만 원) 이상을 사용했다. 여기에는 기자 세 명이 납 중독(Poisoned) 검사 자격증을 따는 데 필요한 수강료가 포함됐다. 회사의 이런 지원 덕분에 기자들은 △ 납 제련으로 인한 공기 오염도가 연방정부 기준보다 수백 배 높다 △ 2014~2018년 근무한 10명 중 8명은 납에 중독돼 신장과 심장질환 위험에 노출됐다 △ 최근 5년간 일한 근로자 14명 이상이 심장마비나 뇌졸중에 걸렸다는 사실을 1년 6개월의 취재로 밝혔다. 이 보도는 올해 미국 뉴스지도자협회(NLA)의 지역보도(Frank A. Blethen Award for Local Accountability Reporting) 부문도 수상했다.

● 진실을 전하려는 자세는 50년 전과 같다

풀리처상에서 필자가 흥미롭게 읽는 부문은 기획(Feature Writing)이다. 타이틀에 나오는 작법(Writing)이라는 단어가 말하듯, 주제의 참신성과 구성 및 문장력을 중심으로 심사한다. 다른 부문에는 대부분 보도(Reporting)라는 단어가 붙는다. 수상작을 읽으면 미국 기자들이 새로운 소재와 새로운 작법을 끊임 없이 탐구하는 모습이 보인다.

올해는 애틀랜틱(The Atlantic)의 제니퍼 시니어(Jennifer Senior) 기자가 받았다. 2001년 발생한 9·11 테러 희생자의 유족과 여자친구가 기사 주인공이다. 뉴욕에 갔던 26살 청년, 바비 매클바인(Bobby McIlvaine)이 목숨을 잃었다. 여자친구는 남자친구의 마지막 일기장을 원했다. 자기 이름이 많이 나오니까 추억으로 간직하고 싶었다. 아버지는 오래 고민하지 않고 건넸다. 시간이 지나면서 부모는 아들의 생전 모습이 궁금했다. 그래서 일기를 보여달라고 부탁한다. 여자친구는 처음에는 생각해보겠다고 대답하지만, 나중에는 거절한다. 요청과 거절이 되풀이되면서 부모와 여자친구가 다툰다.

도입부를 읽으면서 이렇게 생각했다. 일기를 복사해서 한쪽이 원본을, 한쪽이 복사본을 가지면 되지않나? 사랑하는 이를 갑자기 잃은 사람끼리 반목하고 갈등할 필요가 있을까. 기사 제목처럼 〈20년이 지날 때까지(Twenty Years Gone)〉 말이다. 마지막까지 읽고 나서야 궁금증이 풀렸다. 그리고 새삼 느꼈다. 테러와 재난과 범죄가 인간에게 얼마나 깊은 상흔을 남기는지. 유족과 여자친구의 심리를 사실에 기반해서, 섬세하게 묘사한 점이 인상적이다.

풀리처상 선정위원회는 우크라이나 언론인에게 특별상(Special Citations)을 수여했다. 특정 보도가 아니라, 언론 발전에 기여하거나 의미 있는 사안과 관련한 인물이나 기관을 대상으로 한다. 존 다니제브스키(John Daniszewski) 공동위원장은 우크라이나 전쟁을 보도하다 숨진 12명의 각국 기자, 올해 멕시코 갱단 폭력 등을 취재하다 살해당한 8명의 멕시코 기자 등을 언급하면서 이렇게 말했다.

"언론인이 대중에게 진실을 알리고 드러내기 위해 어렵고, 때로는 용감한 일을 계속하려면 독립 언론이 얼마나 필수적인지를 독립 언론에 대한 위협이 역설적으로 말해준다."

올해는 미국 언론에 남다른 의미가 있다. 뉴욕타임스는 미국의 베트남전 개입을 다룬 국방성 기밀문서, 일명 펜타곤 페이퍼(Pentagon Papers) 보도로 풀리처상 공공보도 부문을 1972년 수상했다. 지난해 보도한 중동에서의 오폭 기사는 국방성 기밀문서를 입수해 국민에게 전달하는 수준을 넘어, 수천 쪽 서류에 숨겨진 민간인 피해의 실상을 생생하고 엄밀하게 분석했다. 펜타곤

페이퍼 보도로 공공보도 부문을 수상했기에 비슷한 소재의 중동 오폭기사로 같은 부문의 상을 50년 만에 다시 받고 싶어서 뉴욕타임스가 공공보도 부문으로 응모했다고 필자는 추정한다. 워싱턴포스트는 1971년에 국방성 기밀문서를 뒤따라 보도했지만, 이듬해 발생한 워터게이트(Watergate) 취재로 퓰리처상의 공공보도 부문을 1973년 수상했다. 올해는 미국 민주주의 근간을 흔든 의사당 난입 사건을 소재로 같은 부문에서 상을 받았다.

진실을 전하려는 자세는 50년 전과 지금이 같다. 그러면서도 취재 및 보도 수준이 계속 발전하는 중이라고 올해의 퓰리처상 수상작이 웅변한다.

취재 보도의 과학: 방법과 동기에 대해 투명하라**

송상근 이화여대 저널리즘교육원 특임교수

이번 글은 지난 호 주제[1]를 잇는다. 이완수 동서대 교수는 취재 결과의 완결성보다 과정의 투명성이 중요하다며 기자들에게 사회과학자들의 과학적 절차와 방법을 활용하도록 제안한다. 유대근 한국일보 기자는 온라인 공간에서 원고량 제한이 덜 엄격하므로 사실 확인을 위해 구체적으로 어떤 노력을 했는지 충분히 보여줄 수 있다고 했다. 필자는 취재 과정의 자세한 설명이 언론 신뢰도를 높이는 가장 쉬운 방법임을 사례 중심으로 이야기하려고 한다.

조국 법무부 장관 후보자의 딸이 고교 때, 대학 연구소에서 인턴을 2주간 하고 의학 논문 제1저자로 등재됐다고 동아일보가 2019년 8월 20일 보도했다. 장관 임명을 놓고 갈등이 극심한 상황에서 여론이 부정적으로 흐르는 데 영향을 미쳤다.

취재팀은 한국기자협회가 주관하는 이달의 기자상을 신청했다. 심사위원회에는 전현직 언론인과 학자가 참여했다. 심사위원

** 〈신문과 방송〉, 2023년 7월호(통권 631호), 70-72. 서울: 한국언론진흥재단.
1) 《신문과방송》 6월호 저널리즘의 기본 원칙 되짚기③ 원칙편 〈진실의 첫걸음: 취재 과정의 투명성에 집중해야〉

마다 기사를 보는 눈이 다르고, 정치 성향 역시 마찬가지여서 심사 단계별로 토론이 치열하다. 하지만 조 후보자 보도를 수상작으로 고르는 데 이견이 거의 없었다. 왜 그랬을까?

취재팀이 제출한 공직설명서에 취재 과정이 자세하게 나왔다.

"나의 진보적 가치와 아이의 행복이 충돌할 때 결국 아이의 행복을 위해 양보하게 되더라."

경향신문 인터뷰(2010년 12월 7일) 일부다. 인사검증 기사를 준비하다가 "아이의 행복을 위해 소신을 양보하게 만든 실체에 대한 호기심이 취재의 시작"이었다고 기자는 밝혔다.

호기심은 조 후보자 딸이 작성한 자기소개서를 구하면서 조금식 풀렸다. 기자는 '해피캠퍼스'라는 유료사이트에서 각각 500원~5만원인 자기소개서 및 이력서 6통을 구입하고 8만 4,500원을 결제했다. 이어서 의학 논문을 구하고, 공동 저자를 확인하고, 당사자를 만나서 사실을 인정받기까지 50일 가까이 걸렸다고 했다.

다른 언론사의 9년 전 기사에 주목하는 꼼꼼함, 해피캠퍼스에 눈을 돌린 상상력, 논문을 찾아내는 끈길짐, 복수 취재원에게 확인하는 신중함. 공적설명서를 읽으면서 무릎을 계속 쳤다. 필자가 23년 6개월 몸담았던 곳이라 기자상 회의에서는 말을 먼저 하지 않았다. 하지만 동아일보와 성향이 정반대인 언론사논설위원이 가장 먼저 칭찬했고, 다른 심사위원들이 공감했다.

심사결과는 만장일치에 가까웠다. 공적설명서가 취재 과정을 구체적으로 보여준 덕분이라고 필자는 생각한다. 취재 시작부터 끝까지의 과정을 본문에 넣거나 보조 기사로 처리했다면 어떠했을까? 보도가 정파성의 산물이라거나 정권을 음해하려는 곳에서 찔러준 팁을 받은 것 아니냐고 비판하기가 쉽지 않았을 것이다.

다음 사례는 서울신문 기획, 〈간병살인 154인의 고백〉이다. 첫 기사는 2018년 9월3일 나왔다. 1면 두 번째 단락에서 취재 방법을 6개 문장으로 설명한다.

"서울신문은 한국 사회 간병 살인의 현주소를 짚어보고자 법원의 판결문 방문 열람 등을 통해 지난 10여년간 간병 살인 관련 판결문을 모두 확보했다. 보건복지부가 지난 5월부터 진행 붕인 자살 사망자 전수조사 결과와 중앙심리부검센터가 이미 분석한 자살 사망자 심리부검 289명 사례를 확인했다. 언론에 나온 기존 보도도 참고했다. 간병 살인 가해자들도 직접 만났다. 직접 만나지 못한 경우 주변 친인척과 지인을 대상으로 사실관계를 확인했다. 간철적으로 간병 살인 관련 언론 보도를 분석하거나 판결물을 모아 보도한 적은 있었지만, 이처럼 대규모로 분석한 적은 처음이다."

같은 날짜 3면 오른쪽에는 '어떻게 분석했나'라는 안내문이 있다. 간병 살인을 어떻게 규정하고, 가해자와 피해자 숫자를 어떻게 파악했는지 400자 정도로 정리했다. 탐사기획부가 간병을 키워드로 해서 판결문을 구하는 과정이 얼마나 힘들었는지 기사만으로는 알기 힘들다. 조국 후보자 보도와 간병 살인 기획 모두, 기자의 성실함과 취재의 치열함이 심사위원회와 언론계만 아는 공적설명에 나오는 점이 당시도, 지금도 아쉽다.

두 보도는 이달의 기자상에 이어 한국기자상과 관훈언론상까지 받았다. 이렇게 우수한 작품이 어떻게 나왔는지를 국내 언론은 기사에 넣지 않거나, 안내문으로 짧게 처리한다. 미국 언론 역시 〈about this story〉라는 제목으로 간단히 소개하는 경우가 일반적이다. 하지만 취재 방법과 과정을 메인 기사 또는 시리즈 일부에 넣어서 주목받는 사례가 종종있다.

● 제한된 여건 속 진실의 조각을 찾다

퓰리처상 국제보도 부분의 2022년 수상작을 보자. 아즈매트 칸(Azmat Khan)이라는 프리랜서 기자가 중동에서의 미군 오폭(誤爆)을 조명했다. 수상 목록에는 기사 8개가 나온다. 그 중 두 번째 기사 〈미국 공중 폭격으로 인한 민간인 피해(The Human Toll of America's Air Wars)〉[2]가 취재 과정을 자세하게 담았다. 온라인에는 2021년 12월 19일 올렸는데, 같은 제목으로 뉴욕타임스 일요판 2022년 1월 2일 30면에 게재했다. 기사는 8개 파트로 나뉜다.

---

2) Azmat Khan, 〈The Human Toll of America's Air Wars〉, The New York Times, 2021.12.19. https://www.nytimes.com/2021/12/19/magazine/victims-airstrikes-middle-east-civilians.html.

오폭 문제를 본격적으로 파헤친 계기는 세 번째 파트 〈탁월한 기술(Extraordinary technology)〉에 나온다. 기사에 따르면 미국 국방부는 이라트와 시리아를 폭격해 ISIS 전투원 2만 5,000명을 죽였다고 2016년 4월 발표했다. 민간인 피해는 21명이라고 했다. 칸 기자는 미국이 지원해 아프가니스탄에 설립한 학교 취재를 막 끝낸 상황이었다. 공직자 말이 현장 사실과 종종 다르다는 점을 알았기에 민간인 피해가 국방부 발표처럼 적은지 알아보기로 했다.

칸은 이라트 카이야라(Qaiyara)를 폭격 1개월 뒤에 찾았다. 민간인 피해가 한 명도 없었다고 발표된 지역. 주민은 민간인 6명이 죽었다고 이야기했다. 칸은 폭격당한 9곳을 더 갔다. 모두 민간인 주거지였다. 이 중 5곳에서 민간인이 최소한 29명 죽었다. 칸은 기사에 이렇게 썼다.

"단 한 번의 취재로 연합군 공중 폭격이 매우 잘못 됐다는 점이 분명해졌다."

그는 검색과 통계에 밝은 아난드 고팔(Anand Gopal)과 함께 카이야라 폭격을 현장에서 체계적으로 취재하기 위한 계획을 세웠다. 몇 개월 동안 확인 했더니 새로운 사례가 나왔다. 그래서 취재 지역을 슈라(Shura)와 모술(Mosul) 동쪽의 아덴(Aden)으로 넓혔다. 폭격 지점을 먼저 확인하고 현장에 가서 주민을 만났다. 그러면서 사망자 이름과 사진을 모으고, 위성 사진을 분석하고 SNS를 검색했다.

취재 대상은 폭격 지점 103곳으로 늘었다. 그리고 폭격 5회 중 1회 정도로 민간인 피해가 있었음을 확인했다. 미군을 포함한 연합군 발표의 31배 수준이었다. 이렇게 되자 "정신이 번쩍 들었다"고 칸은 표현했다. 취재할수록 분명해졌다. 민간인 피해가 당국 발표보다 훨씬 많았고, 대부분은 ISIS와 관련이 없었다. 뭔가 잘못됐다는 예감이 정확했다. 칸은 취재 결과를 2017년 11월 뉴욕타임스 일요판(온라인 11월 16일)에 〈집계되지 않은 피해(The Uncounted)〉라는 제목으로 먼저 보도했고, 이 내용 역시 2021년 기사에 넣었다.

두 번째 기사의 네 번째 파트 〈우리는 희생자였다(We were the sacrifice)〉도 추적 과정을 구체적으로 소개한다. 자료를 요청하면 당국이 공개 여부를 검토하고 결정하는 과정에 시간이 걸린다. 그 사이에 칸은 모술 서쪽이 올드시티(Old City)에 갔다. 집을 하나하나 방문하고, 주민과 이야기하고, 폭격 지점을 기록하기 위해서였다. 2018년 초였다. 문 두드리기(door-knocking)는 기자가 반드시 현장에 가야 한다는 상징적 표현이다. 칸은 실제로 문 두드리기를 시도했다.

취재의 엄격함은 여섯 번째 파트 〈우리가 속한 신에게(To God we belong)〉에 이어진다. 칸은 주민과 만나면 세부 내용을 먼저 얘기하지 않았다. 군 보고서를 비롯한 여러 자료를 읽었으니 폭격이 언제, 몇 회 있었고, 민간인 피해는 어느 정도인지 칸은 알았다. 하지만 먼저 자세하게 말하면서 대답을 유도하지 않았다. 찾아간다는 사실조차 미리 알리지 않았다. 이렇게 해야 조금 더 믿을 만한 증언이 나온다고 생각했다.

칸은 이야기할 마음이 있는지, 또 대화를 기사에 인용해도 좋은지는 주민에게 물었다. 그러면서 자신의 목적은 주민의 말과 얼굴과 목소리가 세상에 나오게 하는 일이라고 설명했다. 기자가 솔직하고 진지하게 나오니 상당수 주민이 협조했다. 집에서 몇 시간씩 이야기했다. 일부 주민이 신의 뜻이니 지난 일을 잊고 싶다고 하면, 칸은 질문을 중단했다. 일부는 미국의 보상 계획에 대해 물었고, 일부는 언론 인터뷰가 무슨 의미가 있는지 궁금해했다. 칸은 자신은 기자이지 구호단체 직원이나 NGO 대표가 아니라고 인터뷰 전에 언제나, 그리고 분명하게 말했다. 필자가 지금까지 요약한 내용은 모두 기사 본문에 나온다.

보도 여파는 상당했다. 정부와 의회와 시민사회가 움직였다. 작전 중에 민간인을 보호하기 위한 노력을 강화하라고 국방부 장관이 군에 지시했다. 상원 법사위원회는 드론을 활용한 공격에 대해 논의하려고 청문회를 열었다. 국제법, 정치학, 민권 분야의 학자들 역시 이 사안을 연구 주제로 다루기 시작했다.

기사에 넣은 오폭 취재 과정을 보면 제한된 여건에서 진실의 조각을 하나씩 찾는 과정이 경이롭다. 사회과학자 논문 못지않게 방법이 정교하다. 취재 보도 전문성이 이렇게 높기에 칸은 2021

년 컬럼비아대 저널리즘스쿨 조교수이자 글로벌저널리즘센터
(Simon and June Li Center for Global Journalism)의 초
대소장으로 임명됐다.

빌 코바치와 톰 로젠스틸은 《저널리즘의 기본 원칙》에서 언론
과 언론인의 역할을 열 가지로 정리했다. 말 그대로 원칙이니 현
장에서 바로 실천하기 어려울지 모른다. 미국과 언론 환경이 다
르니 국내에 모두 적용하기가 쉽지 않을지 모른다.

하지만 취재 방법과 과정을 기사 본문에 넣거나, 보조 기사에
자세히 담는 일은 어렵지 않다. 회사와 경영진이 아니라 데스크
와 기자가 마음먹고 실천하면 된다. 취재하면서 흘린 땀, 보도하
면서 느끼는 고민을 공적설명서가 아니라 기사가 보여주기를 기
대한다.

색인

분노와 슬픔의 스토리텔링

초판 1쇄 2024년 5월 25일

저　　자 송상근

발 행 인 전민형

디 자 인 박고운

발 행 처 푸블리우스

등　　록 2018년 4월 3일 (제2023-000194호)

주　　소 서울시 마포구 월드컵로8길 45-8, 3198호(서교동, 양성빌딩)

전　　화 02)927-6392

팩　　스 02)929-6392

이 메 일 ceo@publius.co.kr

I S B N 979-11-89237-29-5